McDOUGAL LITTELL

Discovering FRENCH *Nouveau!*

Workbook

Jean-Paul Valette
Rebecca M. Valette

Overview

The *Discovering French, Nouveau!–Bleu* Workbook is an integrated workbook that provides additional practice to allow students to build their control of French and develop French proficiency.

The activities provide guided communicative practice in meaningful contexts and frequent opportunity for self-expression.

C, 2

Copyright © by McDougal Littell, a division of Houghton Mifflin Company.

All rights reserved.

No part of this work may be reproduced or transmitted in any form or by any means, electronic or mechanical, including photocopying and recording, or by any information storage or retrieval system without prior written permission of McDougal Littell, a division of Houghton Mifflin Company unless such copying is expressly permitted by federal copyright law. With the exception of not-for-profit transcription in Braille, McDougal Littell, a division of Houghton Mifflin Company, is not authorized to grant permission for further uses of copyrighted selections reprinted in this text without the permission of their owners. Permission must be obtained from the individual copyright owners as identified herein. Address inquiries to Supervisor, Rights and Permissions, McDougal Littell, a division of Houghton Mifflin Company. P.O. Box 1667, Evanston, IL 60204

ISBN-13: 978-0-618-29825-9   ISBN-10: 0 - 618 - 29825 - 8

30 31 32 33 34   0982   15 14 13 12

4500343352

Table of Contents

UNITÉ 1 — 1

Leçon 1 — 1
Leçon 2 — 13
Reading and Culture Activities — 25

UNITÉ 2 — 29

Leçon 3 — 29
Leçon 4 — 41
Reading and Culture Activities — 55

UNITÉ 3 — 59

Leçon 5 — 59
Leçon 6 — 65
Leçon 7 — 69
Leçon 8 — 75
Reading and Culture Activities — 81

UNITÉ 4 — 85

Leçon 9 — 85
Leçon 10 — 93
Leçon 11 — 101
Leçon 12 — 107
Reading and Culture Activities — 113

UNITÉ 5 — 117

Leçon 13 — 117
Leçon 14 — 123
Leçon 15 — 131
Leçon 16 — 137
Reading and Culture Activities — 145

UNITÉ 6   149

Leçon 17	149
Leçon 18	157
Leçon 19	163
Leçon 20	169
Reading and Culture Activities	177

UNITÉ 7   181

Leçon 21	181
Leçon 22	187
Leçon 23	195
Leçon 24	201
Reading and Culture Activities	209

UNITÉ 8   213

Leçon 25	213
Leçon 26	221
Leçon 27	229
Leçon 28	237
Reading and Culture Activities	245

To the Student

The Workbook is divided into eight units. Each unit has three sections:

Listening Activities

The Listening Activities have the pictures you will need to complete the recorded activities. The lessons correspond to the lessons in the student text.

Writing Activities

The Writing Activities will give you the chance to develop your writing skills and put into practice what you have learned in class. The lessons correspond to the lessons in the student text. The exercises are coded to correspond to a particular part of the lesson. For example, **A** at the beginning of an exercise or group of exercises means that the material is related to the structures or vocabulary presented in Section A of that lesson. The last activity is called *Communication* and encourages you to express yourself in various additional communicative situations.

Reading and Culture Activities

The Reading and Culture Activities contain realia (illustrations and objects from real life) from French-speaking countries and various kinds of cultural activities. Each unit includes one set of Reading and Culture Activities.

Nom _____

Classe _____ Date _____

Unité 1. Faisons connaissance

LEÇON 1   Bonjour   Vidéo-scène A. La rentrée

LISTENING ACTIVITIES

Section 1. Je m'appelle . . .

A. Compréhension orale Listening comprehension

▶ a. François
   b. Frank

1. a. Nathalie
   b. Nicole

2. a. Sylvie
   b. Cécile

3. a. Jean-Claude
   b. Jean-Paul

4. a. Lucie
   b. Juliette

B. Compréhension orale

Antoine	Caroline
David	Céline
Guillaume	Charlotte
Marc	Émilie
Maxime	Julie
Nicolas	Marie
Philippe	Monique
Vincent	Pauline

Discovering French, Nouveau! Bleu

Unité 1, Leçon 1
Workbook

Nom _____

Classe _____ Date _____

Unité 1, Leçon 1

Section 2. L'alphabet

C. Écoutez et répétez. Listen and repeat.

| A | B | C | D | E | F | G | H | I | J | K | L | M |
| N | O | P | Q | R | S | T | U | V | W | X | Y | Z |

D. Écoutez et écrivez. Listen and write.

1. __ __ __ __ __
2. __ __ __ __ __
3. __ __ __ __ __
4. __ __ __ __ __
5. __ __ __ __ __

Section 3. Les signes orthographiques

E. Écoutez et regardez. Listen and look.

/ accent aigu   Cécile   •• tréma   Noël

\ accent grave   Michèle   ¸ cédille   François

^ accent circonflexe   Jérôme

F. Écoutez et écrivez. Listen and write.

1. Aurelie   2. Mylene   3. Jerome   4. Joelle   5. Francoise   6. Michele

Section 4. Les nombres de 0 à 10 (Numbers from 0 to 10)

G. Écoutez et répétez. Listen and repeat.

| **0** (zéro) | **1** (un) | **2** (deux) | **3** (trois) | **4** (quatre) | **5** (cinq) |
| **6** (six) | **7** (sept) | **8** (huit) | **9** (neuf) | **10** (dix) | |

H. Écoutez et écrivez. Listen and write.

| 8 | | | | | | | | | | | |

Modèle   a.   b.   c.   d.   e.   f.   g.   h.   i.   j.   k.

Section 5. Dictée

I. Écoutez et écrivez. Listen and write.

— _____ ! Je m'appelle Thomas. Et ___ ?

— ___, ___ m'appelle Céline.

Nom _____

Classe _____ Date _____

WRITING ACTIVITIES

1. Au Club International

You have met the following young people at the Club International. Six of them have names of French origin. Circle these names. Then write them in the box below, separating the boys and the girls.

(Note: Don't forget the accent marks!)

Carlos Suárez   Tatsuya Matsumoto
Birgit Eriksen   Jérôme Dupuis
Hélène Rémy   Janet Woodford
Jean-François Petit   Maureen Stewart
Michiko Sato   Marie-Noëlle Lainé
Frédéric Lemaître   Svetlana Poliakoff
Heinz Mueller   Stéphanie Mercier

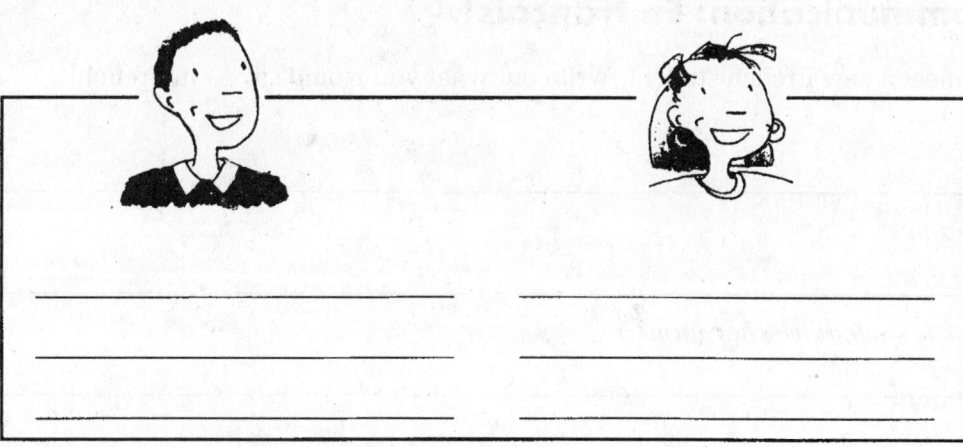

FLASH culturel

French is spoken not only in France. Today about thirty countries use French as their official language (or one of their official languages). Which continent has the largest number of French-speaking countries?

❑ Europe   ❑ Africa   ❑ Asia   ❑ South America

➜ page 4

Nom _____

Classe _____ Date _____

2. Allô!

First write down your phone number and the numbers of two friends or relatives. Then write out the numbers as you would say them in French.

1. Moi

   ☐ ☐ ☐ - ☐ ☐ ☐ ☐

   _____ _____

2. Nom *(name)*: _____

   ☐ ☐ ☐ - ☐ ☐ ☐ ☐

   _____ _____

3. Nom *(name)*: _____

   ☐ ☐ ☐ - ☐ ☐ ☐ ☐

   _____ _____

3. Communication: En français!

On the bus you meet a new French student. Write out what you would say — in French!

1. *Say hello.*

   _____

2. *Give your name.*

   _____

3. *Ask the French student his/her name.*

   _____

FLASH culturel

French is the official language in about 20 African countries. The largest of these countries is the Democratic Republic of Congo in central Africa. Other countries where French is spoken by many of the citizens are: Algeria, Tunisia, and Morocco in North Africa; Senegal and the Ivory Coast in West Africa; and the island of Madagascar off the coast of East Africa.

Nom _____

Classe _____ Date _____

Discovering FRENCH Nouveau!
BLEU

Unité 1
Leçon 1
Workbook

Vidéo-scène B. Tu es français?

LISTENING ACTIVITIES

Section 1. Quelle nationalité?

A. Compréhension orale Listening comprehension

Modèle: Tu es anglaise?

Modèle ____	✓
1. ____	____
2. ____	____
3. ____	____
4. ____	____
5. ____	____
6. ____	____
7. ____	____
8. ____	____

B. Compréhension orale

French flag *British flag* *US flag* *Canadian flag*

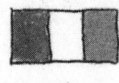   

A   B   C   D

1				
2				
3				
4				
5				
6				

Discovering French, Nouveau! Bleu

Nom _____

Classe _____ Date _____

Section 2. Les nombres de 10 à 20

C. Écoutez et répétez. Listen and repeat.

| 10 (dix) | 11 (onze) | 12 (douze) | 13 (treize) | 14 (quatorze) | 15 (quinze) |
| 16 (seize) | 17 (dix-sept) | 18 (dix-huit) | 19 (dix-neuf) | 20 (vingt) |

D. Écoutez et écrivez. Listen and write.

Section 3. Dictée

E. Écoutez et écrivez.

—Tu ____ française ____ anglaise?

—Je ____ américaine.

—Moi ____!

Nom _____

Classe _____ Date _____

WRITING ACTIVITIES

1. Présentations *(Introductions)*

The following people are introducing themselves, giving their names and their nationalities. Complete what each one says.

Je m'appelle Cédric.
Je suis _____.

Je m'appelle Liz.
Je suis _____.

Je m'appelle Tina.
Je suis _____.

Je m'appelle Pierre.
Je suis _____.

Je m'appelle Bob.
Je suis _____.

Je m'appelle Véronique.
Je suis _____.

FLASH culturel

Martinique and Guadeloupe are two French-speaking islands in the Caribbean. In which other Caribbean country is French spoken?
❏ Cuba   ❏ Puerto Rico   ❏ Haiti   ❏ The Dominican Republic   ➔ page 8

Discovering French, Nouveau! Bleu

Nom _____

Classe _____ Date _____

2. Les maths

Write out the answers to the following arithmetic problems.

▶ 4 + 7 = <u>onze</u>

1. 9 + 3 = _____
2. 8 + 6 = _____
3. 10 + 7 = _____
4. 17 + 2 = _____
5. 5 × 3 = _____
6. 2 × 10 = _____

3. Communication: En français!

You are at a party and have just met two French-speaking students: Philippe and Marie-Laure.

1. *Say hello to them.*

2. *Give your name.*

3. *Say that you are American.*

4. *Ask Philippe if he is French.*

5. *Ask Marie-Laure if she is Canadian.*

FLASH culturel

Haiti is a former French colony. Toward the end of the eighteenth century, the black slaves who worked in the sugar cane plantations revolted against their French masters. In 1804, Haiti became an independent country. It is the first republic established by people of African origin.

Today French, which is the official language of Haiti, is spoken by many Haitians, along with Creole. Many people of Haitian origin live in the United States, especially in Florida, New York, and Boston. If you meet young Haitians, you might want to speak French with them.

Nom _____

Classe _____ Date _____

Vidéo-scène C. Salut! Ça va?

LISTENING ACTIVITIES

Section 1. Salutations

A. Compréhension orale Listening comprehension

Modèle: Au revoir, madame.

Modèle ____ ✓
1. ____ ____
2. ____ ____
3. ____ ____
4. ____ ____
5. ____ ____
6. ____ ____

Section 2. Ça va?

B. Compréhension orale

Ça va bien!   Ça va très bien!   Ça va comme ci, comme ça.

a. ____   b. ____   c. ____

Ça va mal.   Ça va très mal.

d. ____   e. ____

Discovering French, Nouveau! Bleu

Nom _____

Classe _____ Date _____

C. Questions et réponses Questions and answers

▶ —Ça va?
—Ça va comme ci, comme ça.

Section 3. Les nombres de 20 à 60

D. Écoutez et répétez. Listen and repeat.

20	21	22	23	24	25	26
27	28	29	30	31	32	33 ...
40	41	42 ...	44	45	46 ...	50
51 ...	57	58	59	60		

E. Écoutez et écrivez. Listen and write.

Thomas ___ . ___ . ___ . ___ . ___

Caroline ___ . ___ . ___ . ___ . ___

Mathieu ___ . ___ . ___ . ___ . ___

Stéphanie ___ . ___ . ___ . ___ . ___

Section 4. Dictée

F. Écoutez et écrivez.

—_____! Ça va?

—Oui, _____! Ça va très _____. Et toi?

—Ça va _____!

Nom _____

Classe _____ Date _____

Unité 1, Leçon 1 — Workbook — Discovering French Nouveau! BLEU

WRITING ACTIVITIES

1. Loto (Bingo)

You are playing Loto in Quebec. The numbers below have all been called. If you have these numbers on your card, circle them.

seize	trente et un	vingt-deux	cinquante	quarante-neuf	quinze
quarante	trente-quatre	vingt-neuf	soixante	quarante-huit	douze
cinquante-deux	onze	dix-sept	vingt et un	vingt	trente-cinq
trente-sept	cinquante-six	sept	cinquante-quatre		
cinquante-neuf	trois				

5	14	26	37	49
7	15	29	40	52
9	18	X	41	54
11	21	33	46	59
12	22	35	48	60

How many numbers did you circle? _____

How many rows of five did you score? _____

FLASH culturel

France is not the only European country where French is spoken. In which of the following countries do one fifth of the people speak French?

❑ Germany   ❑ Italy   ❑ Spain   ❑ Switzerland

➜ page 12

Unité 1, Leçon 1

Nom _____

Classe _____ Date _____

2. Bonjour!

The following people meet in the street. How do you think they will greet each other? Fill in the bubbles with the appropriate expressions.

Caroline   Jérôme   Mme Mercier   Éric   Mlle Bellamy   M. Renaud

3. Ça va?

How do you think the following people would answer the question **Ça va?**

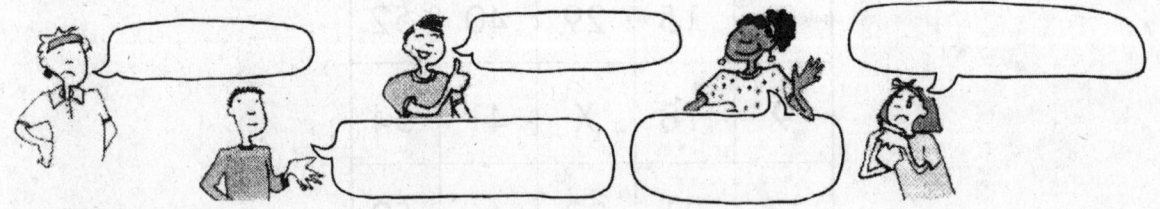

4. Communication: En français!

You have just enrolled in a French school as an exchange student.

1. On the way to school, you meet your friend Catherine.

   Say hello to her. _____

   Ask her how things are going. _____

2. Now you meet Mademoiselle Lebrun, your new music teacher.

   Say hello to her. _____

   Ask her how she is. _____

FLASH culturel

Although all of these countries border on France, only Switzerland has a sizeable French-speaking population. The main French-speaking city of Switzerland is Geneva (**Genève**), which is the headquarters of the International Red Cross and the seat of several other international organizations.

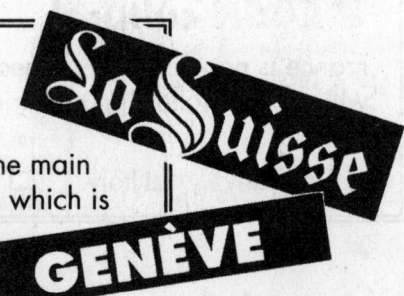

Nom _____

Classe _____ Date _____

LEÇON 2 Famille et copains
Vidéo-scène A. Copain ou copine?

LISTENING ACTIVITIES

Section 1. Qui est-ce?

A. Compréhension orale Listening comprehension

Modèle: Voici une amie.

	A	B
Modèle	un ami	(une) amie
1.	un prof	une prof
2.	un journaliste	une journaliste
3.	un artiste	une artiste
4.	un photographe	une photographe
5.	un pianiste	une pianiste
6.	un secrétaire	une secrétaire

B. Écoutez et parlez. Listen and speak.

▶ —Tiens, voilà Isabelle!
—Qui est-ce?
—**C'est une copine.**

1. un copain? une copine?
2. un copain? une copine?
3. un ami? une amie?
4. un ami? une amie?
5. un prof? une prof?
6. un prof? une prof?

Discovering French, Nouveau! Bleu

Nom _____

Classe _____ Date _____

Section 2. Les nombres de 60 à 79

C. Écoutez et répétez. Listen and repeat.

| 60 | 61 | 62 | 63 | 64 | 65 | 66 | 67 | 68 | 69 |
| 70 | 71 | 72 | 73 | 74 | 75 | 76 | 77 | 78 | 79 |

D. Écoutez et écrivez. Listen and write.

Mélanie ___ . ___ . ___ . ___ . ___

Nicolas ___ . ___ . ___ . ___ . ___

Julie ___ . ___ . ___ . ___ . ___

Vincent ___ . ___ . ___ . ___ . ___

Section 3. Dictée

E. Écoutez et écrivez.

—_____ Nathalie.

—_____ est-ce?

—_____ une _____.

Nom _____

Classe _____ Date _____

BLEU

Unité 1, Leçon 2 Workbook

WRITING ACTIVITIES

1. Pour détectives

You have found a notebook in which several people are mentioned only by their initials. Read the descriptions and determine who is male and who is female. Circle the corresponding letter.

▶ J.G. est un journaliste français.　　Ⓜ　F
▶ C.C. est une actrice italienne.　　M　Ⓕ

1. B.H. est un musicien anglais.　　M　F
2. V.C. est un pianiste.　　M　F
3. S.F. est une photographe américaine.　　M　F
4. E.M. est une artiste française.　　M　F
5. P.N. est un excellent acteur.　　M　F
6. T.B. est un artiste américain.　　M　F
7. P.V. est un cousin de San Francisco.　　M　F
8. V.U. est une cousine de Montréal.　　M　F

2. Descriptions

Describe the following people. For each one, write two sentences using two different nouns from the box. Be sure to use **un** or **une** as appropriate.

garçon	ami	copain	monsieur	prof
fille	amie	copine	dame	prof

Christine ▶ _____

Jean-François _____

M. Martinot _____

Mme Pichon _____

FLASH **culturel**

The **Tour de France** is an international bicycle race that is held in France every summer. How long does it last?

❏ 10 hours　❏ 24 hours　❏ 10 days　❏ 3 weeks

→ page 16

Discovering French, Nouveau! Bleu

Nom _____

Classe _____ Date _____

3. Les nombres

Fill in the six missing numbers in the grid. Then write out these numbers in French.

60		62	63	64
65	66	67		69
		72	73	74
75		77		79

- _____
- _____
- _____
- _____
- _____
- _____

4. Communication: En français!

1. You are walking in town with your French friend Catherine. Catherine waves hello to a girl on a bicycle.
   Ask Catherine who it is.

   _____

2. You see Jean-Louis who is sitting in a café.
   Point him out and tell Catherine that he is a friend.

   _____

3. You see your friend Juliette coming in your direction.
   Express your surprise and explain to Catherine who is approaching.

   _____

FLASH culturel

The **Tour de France** is the longest and most strenuous bicycle race in the world. It is divided into about 20 stages (or **étapes**) and lasts approximately three weeks. During the race, the participants cover about 3,000 kilometers, riding along the valleys and climbing the high mountains of France. The American cyclist Greg Lemond is a three-time winner of the **Tour de France**.

Nom _____

Classe _____ Date _____

Vidéo-scène B. Une coïncidence

LISTENING ACTIVITIES

Section 1. Qui est-ce?

A. Compréhension orale Listening comprehension

Modèle: Elle est de Paris?

Modèle ____   ✓

1. ____   ____
2. ____   ____
3. ____   ____
4. ____   ____
5. ____   ____
6. ____   ____
7. ____   ____
8. ____   ____
9. ____   ____
10. ____   ____

B. Écoutez et répétez. Listen and repeat.

Isabelle   **1.** Marc   **2.** Philippe   **3.** Nathalie   **4.** Patrick

▶ —Elle est française?   —Comment s'appelle-t-elle?
  —Oui, elle est française.   —Elle s'appelle Isabelle.

Nom _____

Classe _____ Date _____

Section 2. Les nombres de 80 à 100

C. Écoutez et répétez. Listen and repeat.

| 80 | 81 | 82 | 83 | 84 | 85 | 86 | 87 | 88 | 89 |
| 90 | 91 | 92 | 93 | 94 | 95 | 96 | 97 | 98 | 99 | 100 |

D. Écoutez et écrivez. Listen and write.

Florence Juliette Philippe Laure

Delphine Julien Olivier Caroline

Section 3. Dictée

E. Écoutez et écrivez.

—Tu connais _____ fille?

—Oui, _____ s'appelle Christine.

—Et _____ garçon?

—C'est _____ copain. _____ s'appelle Jean-Pierre.

Nom _____

Classe _____ Date _____

WRITING ACTIVITIES

1. *Le, la* ou *l'*?

Write **le, la,** or **l'** in front of the following nouns, as appropriate.

▶ __la__ copine

1. ____ garçon
2. ____ monsieur
3. ____ fille
4. ____ ami
5. ____ copain
6. ____ amie
7. ____ prof: M. Lenoir
8. ____ prof: Mme Dupin

2. Photos de vacances

Last summer you went on an international camping trip and took pictures of some of your friends. Give each person's name and nationality.

▶ Il s'appelle Jim.
  Il est anglais.

_____
_____

_____
_____

_____
_____

FLASH culturel

In the United States, there are many places that have names of French origin. Which of the following states is named after a French king?

❏ Georgia   ❏ North Carolina   ❏ Louisiana   ❏ Virginia

➡ page 20

Discovering French, Nouveau! Bleu

Nom _____

Classe _____ Date _____

3. Loto

Imagine that you are playing **Loto** in France. The following numbers have been called. Read them carefully and put an "X" on the numbers that appear on your **Loto** card.

soixante-treize	soixante-quatre	quatorze	cinquante-trois	huit
quatre-vingt-douze	vingt-trois	quatre-vingt-neuf	soixante-quinze
cinquante-huit	trente-sept	quarante-cinq	soixante-quatorze	seize
vingt et un	quatre-vingt-six	soixante-dix-huit	quatre-vingt-un

Which row did you complete to win **Loto**: the top, the middle, or the bottom?

_____

Now write in digits the numbers that were not on your card.

_____

	21		45		73	81	92
	17			53		74	86	95
8		39			64	78		99

4. Communication: Dialogues

Complete the following mini-dialogues by filling in the missing words.

1. —Philippe _____ français?

   —Non, _____ est canadien.

2. —Tu _____ le garçon là-bas?

   —Oui, c'est _____ copain.

3. —_____ s'appelle _____ prof?

   —_____ s'appelle Madame Vallée.

FLASH culturel

Louisiana was named in honor of the French king Louis XIV (1638–1715). Louisiana was once a French colony and extended up the entire Mississippi basin. The U.S. purchased it from France in 1803. Today, French is still spoken in the state of Louisiana by some people in the "Cajun" areas.

Nom _____

Classe _____ Date _____

Discovering FRENCH Nouveau!

BLEU

Unité 1
Leçon 2
Workbook

Vidéo-scène C. Les photos d'Isabelle

LISTENING ACTIVITIES

Section 1. Qui est-ce?

A. Compréhension orale Listening comprehension

Modèle: Voici ma cousine.

Modèle	____	✓
1.	____	____
2.	____	____
3.	____	____
4.	____	____
5.	____	____
6.	____	____
7.	____	____
8.	____	____

Section 2. L'âge

B. Compréhension orale

1. Marc a ____ ans.
2. Mélanie a ____ ans.
3. Mon oncle a ____ ans.
4. Ma grand-mère a ____ ans.
5. Mon chat a ____ ans.
6. Mon chien a ____ ans.
7. Le prof a ____ ans.
8. La prof a ____ ans.

Discovering French, Nouveau! Bleu

Nom _____

Classe _____ Date _____

C. Écoutez et parlez. Listen and speak.

Section 3. Dictée

D. Écoutez et écrivez. Listen and write.

—Quel _____ as-tu?

—_____ quatorze _____.

—Et _____ cousine Nathalie?

—Elle _____ seize ans.

Nom _____

Classe _____ Date _____

WRITING ACTIVITIES

1. La famille de Catherine

Catherine has taken a picture of her family. Identify each of the people in the photograph.

▶ Suzanne est _la soeur_ _____ de Catherine.
1. M. Arnaud est _____ de Catherine.
2. Jean-Michel est _____ de Catherine.
3. Mme Laurent est _____ de Catherine.
4. Mme Arnaud est _____ de Catherine.
5. M. Laurent est _____ de Catherine.
6. Hugo, c'est _____ .
7. Mimi, c'est _____ .

Flash culturel

At what age can a French teenager drive a car?
☐ 15 ☐ 16 ☐ 17 ☐ 18

➜ page 24

Nom _____

Classe _____ Date _____

2. Mon ou ma?

Philippe is talking about his friends and relatives, as well as other people he knows. Complete his statements with **mon** or **ma**, as appropriate.

1. _____ cousine s'appelle Christine.
2. _____ frère est à Paris.
3. _____ copine Susan est anglaise.
4. _____ amie Cécile a seize ans.
5. _____ ami Jean-Pierre a quinze ans.
6. _____ prof d'anglais est américaine.
7. _____ prof d'histoire est canadien.
8. _____ mère est journaliste.

3. Quel âge?

Look at the years in which the following people were born. Then complete the sentences below by giving each person's age.

1. (1991) Corinne _____.
2. (1996) Jean-Philippe _____.
3. (1982) Mademoiselle Richaume _____.
4. (1969) Monsieur Lambert _____.

4. Communication: En français!

1. *Tell how old you are.*
   _____

2. *Ask a friend how old he/she is.*
   _____

3. *Ask a friend how old his/her brother is.*
   _____

Flash culturel

In principle, you have to be 18 to get your driver's license in France. However, if you take driving lessons in an authorized school (**une auto-école**), you can drive at the age of 16 when accompanied by a licensed adult.

Nom _____

Classe _____ Date _____

Discovering FRENCH Nouveau!

BLEU

UNITÉ 1 Reading and Culture Activities

A. En voyage *(On a trip)*

1. Why would you go to Le Napoli?
   - ❑ To shop for food.
   - ❑ To have dinner.
   - ❑ To see a movie.
   - ❑ To plan a trip to Italy.

Le Napoli
Restaurant - Pizzéria
Spécialités - Grillades

7, Av. des Poilus - Place Cavet   ☎ 04 94 74 03 34
83110 Sanary-sur-mer

2. In which country is the Bonaparte located?
   - ❑ In France.
   - ❑ In Canada.
   - ❑ In Switzerland.
   - ❑ In Belgium.

RESTAURANT

BONAPARTE
CUISINE DE FRANCE
443, rue St-François-Xavier
Vieux-Montréal
Reservations: **514-844-4368**

3. Why would you call the number shown in this ad?
   - ❑ To buy a train ticket.
   - ❑ To rent a video.
   - ❑ To have your phone repaired.
   - ❑ To reserve a room.

HOTEL LES CLEMATITES**
18 chambres
Télévision - Téléphone
Plein centre Ville

19, rue Vaugelas 74000 ANNECY
Tél. 04.50.52.84.33 - Fax 04.50.45.49.06

4. Why did someone buy this ticket?
   - ❑ To visit a historical site.
   - ❑ To see a historical movie.
   - ❑ To listen to classical music.
   - ❑ To tour a battleship.

La COUVERTOIRADE
AVEYRON

MONUMENT HISTORIQUE

ADULTE
Conservez votre ticket.   N° 80810

Nom _____

Classe _____ Date _____

5. If you were in France, where would you see this sign?
   ❑ In a train.
   ❑ In an elevator.
   ❑ On a highway.
   ❑ In a stadium.

6. If you were driving on this highway, you would exit to the right . . .
   ❑ if you needed gas
   ❑ if you wanted to take pictures
   ❑ if you were looking for a campground
   ❑ if you were meeting a flight

Nom _____

Classe _____ Date _____

Discovering FRENCH *Nouveau!*

BLEU

7. CEEL is a language school in Geneva. They teach four languages including German **(allemand)**, which is one of the official languages of Switzerland. Which of the following languages do they NOT teach?
   ❏ English.
   ❏ French.
   ❏ Spanish.
   ❏ Italian.

8. This is a card of phone numbers that was distributed in Strasbourg, France.

   - You would dial 15 if you had . . .
     ❏ a medical emergency
     ❏ a problem with your telephone
     ❏ a fire to report
     ❏ a burglary to report

   - To get a prescription filled, you would call . . .
     ❏ 15
     ❏ 18
     ❏ 03.88.41.12.45
     ❏ 03.88.61.54.13

   - If you needed transportation to get to the airport, you would call . . .
     ❏ 15
     ❏ 18
     ❏ 03.88.41.12.45
     ❏ 03.88.61.54.13

NUMÉROS D'URGENCE	
SAMU (Service d'Aide Médicale d'Urgence	15
POLICE	17
POMPIERS	18
PHARMACIE	03.88.41.12.45
TAXIS	03.88.61.54.13

Discovering French, Nouveau! Bleu

Workbook Reading and Culture Activities

Unité 1

B. Carte de visite

Marie-Françoise Bellanger
photographe

47, rue du Four
Paris 6ᵉ   Tél. 01.42.21.30.15

A friend of yours has given you the calling card of her cousin in France. Fill in the blanks below with the information that you can find out about this cousin by reading the card.

- Last name _____
- First name _____
- City of residence _____
- Profession _____

Nom _____

Classe _____ Date _____

Unité 2. La vie courante

LEÇON 3 Bon appétit! Vidéo-scène A. Tu as faim?

LISTENING ACTIVITIES

Section 1. Au café

A. Compréhension orale

a. _____ trois croissants

b. _____ une glace à la vanille

c. _____ un hot dog

d. _____ un sandwich

e. _____ un sandwich au jambon et un sandwich au pâté

f. _____ un steak-frites et une salade

B. Écoutez et répétez.

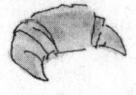     

1. un croissant 2. un sandwich 3. un steak 4. un steak-frites 5. un hamburger 6. un hot dog

7. une salade 8. une pizza 9. une omelette 10. une crêpe 11. une glace

Nom _____

Classe _____ Date _____

C. Questions et réponses

▶ Je voudrais un sandwich.

    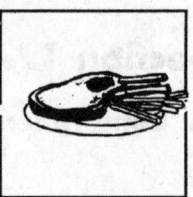
1.   2.   3.   4.   5.

Section 2. Intonation

D. Écoutez et répétez.

Écoutez: **Voici un steak . . . et une salade.**

Répétez: **Je voudrais une pizza.**

Je voudrais une pizza et un sandwich.

Je voudrais une pizza, un sandwich et un hamburger.

Voici un steak.

Voici un steak et une salade.

Voici un steak, une salade et une glace.

Section 3. Dictée

E. Écoutez et écrivez.

—Oh là là! J'ai _____!

—Qu'est-ce que tu _____? Un steak ou _____ pizza?

—_____-moi un steak, s'il _____ plaît.

Nom _____

Classe _____ Date _____

Discovering FRENCH Nouveau!
BLEU

Unité 2
Leçon 3
Workbook

WRITING ACTIVITIES

1. *Un ou une?*

Complete the names of the following foods with **un** or **une**, as appropriate.

 1. _____ sandwich

 2. _____ pizza

 3. _____ steak

 4. _____ crêpe

 5. _____ steak-frites

 6. _____ salade

 7. _____ croissant

 8. _____ omelette

2. Conversations

Complete the conversations with expressions from the box.

1. —Tu as faim?
   —Oui, _____ faim.

2. —Qu'est-ce que _____?
   —Je _____ une glace.

3. —S'il te plaît, _____ un sandwich.
   —Voilà un sandwich.
   —_____!

merci
tu veux
j'ai
voudrais
donne-moi

FLASH culturel

Camembert, Brie, and Roquefort are all products of French origin. What are they?

☐ pastries   ☐ cheeses   ☐ perfumes   ☐ crackers

→ page 32

Discovering French, Nouveau! Bleu

Nom _____

Classe _____ Date _____

3. Communication: En français!

A. You have invited your French friend Philippe to your home.

1. *Ask Philippe if he is hungry.*
   _____

2. *Ask him if he wants a sandwich.*
   _____

3. *Ask him if he wants an ice cream cone.*
   _____

B. You are in a French restaurant with a friend.

1. *Tell your friend that you are hungry.*
   _____

2. *Tell her what type of food you would like to have.*
   _____

FLASH culturel

France produces over 400 varieties of cheese, among which **Camembert**, **Brie**, and **Roquefort** are the best known. In a traditional French meal, cheese is served as a separate course, after the salad and before the dessert. It is eaten with bread, and occasionally with butter.

Nom _____

Classe _____ Date _____

Vidéo-scène B. Au café

LISTENING ACTIVITIES

Section 1. Au café

A. Écoutez et répétez.

1. un soda 2. un jus d'orange 3. un jus de pomme 4. un jus de tomate 5. un jus de raisin

6. une limonade 7. un café 8. un thé 9. un chocolat

Section 2. S'il te plaît, donne-moi . . .

B. Questions et réponses

▶ —Tu veux un café ou un thé?
  —S'il te plaît, donne-moi un café.

  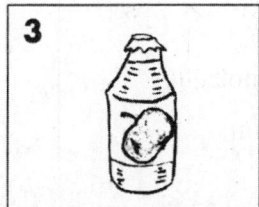 

Unité 2, Leçon 3 — Workbook

Section 3. Je voudrais . . .

C. Questions et réponses

▶ —Vous désirez?
—Je voudrais un thé, s'il vous plaît.

 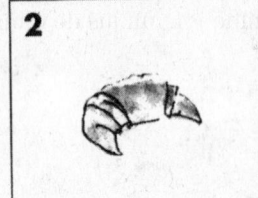 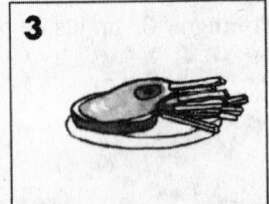 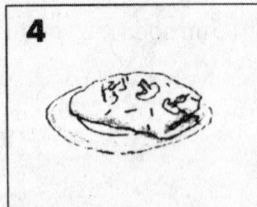

Section 4. Conversations

D. Compréhension orale

1. How does the boy feel?
   a. tired
   b. thirsty
   c. hungry

2. What would the girl like?
   a. a soda
   b. a glass of orange juice
   c. a glass of grape juice

3. Where does the scene take place?
   a. in a café
   b. at a picnic
   c. at home

4. Where does the scene take place?
   a. in a café
   b. in a French restaurant
   c. at a picnic

Section 5. Dictée

E. Écoutez et écrivez.

—Vous _____, mademoiselle?

—Je _____ un chocolat.

—Et vous, monsieur?

—_____-moi un _____, s'il _____ plaît.

Nom _____

Classe _____ Date _____

Unité 2, Leçon 3 — Workbook

BLEU — Discovering French Nouveau!

WRITING ACTIVITIES

1. Les boissons

Find the French names of eight beverages in the following grid. The names can be read horizontally, vertically, or diagonally. Then list these beverages, using **un** or **une**, as appropriate.

J	O	J	B	M	N	C	I	X	Y	A	Z
M	U	U	R	E	W	H	L	Q	B	C	F
J	U	S	D	E	T	O	M	A	T	E	R
K	V	D	D	L	G	C	C	U	K	N	Z
X	D	E	A	E	L	O	H	T	L	Z	C
Y	B	P	A	F	R	L	C	H	X	T	P
Z	S	O	D	A	C	A	F	É	J	M	B
O	N	M	C	K	B	T	I	N	K	A	Y
L	I	M	O	N	A	D	E	S	D	O	C
S	Q	E	T	F	I	P	D	V	I	G	L
H	T	W	M	R	O	S	Y	I	U	N	J

- _____
- _____
- _____
- _____
- _____
- _____
- _____
- _____

2. Mes préférences

In the chart below, list which three of the above beverages you like the best and which three you like the least.

1. _____	4. _____
2. _____	5. _____
3. _____	6. _____

FLASH **culturel**

Which of the following beverages is most likely to be served with a French meal?

❏ milk   ❏ coffee   ❏ iced tea   ❏ mineral water

→ page 36

Discovering French, Nouveau! Bleu

Nom _____

Classe _____ Date _____

3. Communication: En français!

A. Your French friend Marc has dropped by your house.

1. *Ask him if he is thirsty.*
   _____

2. *Ask him if he wants a soda or a glass of orange juice.*
   _____

B. You are in a French café with a friend.

1. *Tell your friend that you are thirsty.*
   _____

2. *Tell the waiter (or waitress) to bring you a beverage of your choice.*
   _____

FLASH culturel

The French drink a lot of mineral water. In fact, they have the highest consumption of mineral water in the world: about 60 liters per person per year. These mineral waters, some plain and some carbonated, come from natural springs in various parts of the country and are widely exported.

Nom _____

Classe _____ Date _____

Vidéo-scène C. Ça fait combien?

LISTENING ACTIVITIES

Section 1. L'euro

A. Écoutez et répétez.

un euro	six euros
deux euros	sept euros
trois euros	huit euros
quatre euros	neuf euros
cinq euros	dix euros

Section 2. C'est combien?

B. Compréhension orale

Modèle	1.	2.	3.	4.	5.
10 €	€	€	€	€	€

C. Questions et réponses

```
Café des Sports
Sandwich   3€00
Soda       2€00
```

1.   2.   3.   4.

Section 3. Conversations

D. Compréhension orale Listening comprehension

1. What does the boy do?
    a. He orders a pizza.
    b. He asks the price of a pizza.
    c. He asks where the pizzeria is.

2. What does the woman want to do?
    a. pay the bill
    b. order food
    c. go to a café

3. What does the boy want to do?
    a. pay the bill
    b. borrow money
    c. leave a tip for the server

Section 4. Dictée.

E. Écoutez et écrivez.

—_____ coûte l'omelette?

—_____ coûte trois euros cinquante.

—Et la glace?

—Deux euros cinquante.

—Ça _____ six euros au total.

Dis, Mélanie, _____-moi six euros, s'il te plaît.

Nom _____

Classe _____ Date _____

Unité 2, Leçon 3 — Workbook

Discovering **FRENCH** *Nouveau!*

B L E U

WRITING ACTIVITIES

1. C'est combien?

Identify the items pictured and give their prices.

▶ (sandwich, 2€)   Voici un sandwich.
   Il coûte deux euros.

1. (croissant, 1€) _____

2. (pizza, 3€50) _____

3. (glace, 3€35) _____

4. (steak-frites, 6€45) _____

5. (salade, 2€20) _____

6. (hamburger, 4€60) _____

FLASH **culturel**

The backs of the euro bills are illustrated with pictures of bridges.
Which bill has the most modern bridge?

☐ 10 euro note   ☐ 50 euro note   ☐ 100 euro note   ☐ 500 euro note   ➔ page 40

Discovering French, Nouveau! Bleu

Nom _____

Classe _____ Date _____

2. Communication: En français!

Imagine that you are at Le Rallye with two French friends, Olivier and Valérie.

Use the menu to write out the following conversation (in French, of course!).

Le Rallye

Boissons		Sandwichs	
Café	2€	Sandwich au jambon	3€50
Thé	2€	Sandwich au fromage	3€50
Chocolat	2€50	**Et aussi:**	
Soda	2€50	Croissant	2€
Limonade	2€25	Pizza	8€
Jus d'orange	2€50	Salade	3€50
Eau minérale	1€50	Omelette	4€50
Glaces		Hamburger	4€
Glace au café	2€50	Steak	7€
Glace à la vanille	2€50	Steak-Frites	8€50

LE GARÇON: _____

May I help you?

TOI: _____

I would like [a food and a beverage].

VALÉRIE: _____

Please give me [a food and a beverage].

OLIVIER: _____

I would like a [a food and a beverage], please.

TOI: _____

How much does that come to?

LE GARÇON: _____

That comes to [the price of what was ordered].

TOI: _____

Hey, Olivier, loan me ten euros, please.

FLASH culturel

The bills are sequenced so that the styles of bridges go from the oldest (5 euro note) to the most modern (500 euro note).

Nom _____

Classe _____ Date _____

LEÇON 4 De jour en jour Vidéo-scène A. L'heure

LISTENING ACTIVITIES

Section 1. Quelle heure est-il? (Part 1)

A. Compréhension orale

▶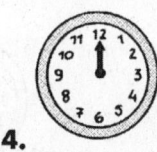
   1.   2.   3.   4.   5.

B. Questions et réponses

▶
   1.   2.   3.   4.

                        5.   6.   7.

Section 2. Quelle heure est-il? (Part 2)

C. Compréhension orale

▶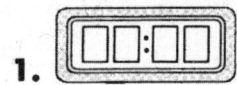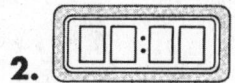
                   1.   2.

                                3.   4.

Nom _____

Classe _____ Date _____

D. Questions et réponses

▸

 1.    2.    3.

 4.    5.    6.

Section 3. À quelle heure?

E. Compréhension orale

▸ le film   4 h 15

1. la classe de français   _____
2. le dîner   _____
3. le film   _____
4. le train de Toulouse   _____

Section 4. Dictée

F. Écoutez et écrivez.

—Dis, Philippe, quelle _____ est-il?

—Il _____ cinq heures _____ le quart.

—Et à quelle heure est le film?

—À sept heures et _____.

—Merci!

Nom _____

Classe _____ Date _____

WRITING ACTIVITIES

1. Oui ou non?

Watches do not always work well. Read the times below and compare them with the times indicated on the watches. If the two times match, check **oui**. If they do not match, check **non**.

	oui	non
▶ Il est une heure dix.	☑	☐
▶ Il est une heure vingt-cinq.	☐	☑
1. Il est deux heures et demie.	☐	☐
2. Il est trois heures et quart.	☐	☐
3. Il est cinq heures moins vingt.	☐	☐
4. Il est sept heures moins le quart.	☐	☐
5. Il est huit heures cinq.	☐	☐
6. Il est onze heures cinquante-cinq.	☐	☐

Flash culturel

In many French-speaking countries, official time is given using a 24-hour clock. For example, on this Canadian TV schedule, the movie *Driving Miss Daisy* begins at 22 h 40 (**vingt-deux heures quarante**). What would be the corresponding time on our 12-hour clock?

☐ 2:40 P.M.   ☐ 8:40 P.M.   ☐ 9:40 P.M.   ☐ 10:40 P.M.

Super Écran
VENDREDI 22 MARS

14h50	Lawrence d'Arabie
18h20	Oncle Buck
20h05	Les Simpson
21h00	Tremors
22h40	Miss Daisy et Son Chauffeur

→ page 44

Discovering French, Nouveau! Bleu

Nom _____

Classe _____ Date _____

2. Quelle heure est-il?

Stéphanie's watch is not working. Tell her what time it is. Write out your responses.

1:00 1. _____   7:30 4. _____

12:00 2. _____   8:45 5. _____

3:15 3. _____   10:50 6. _____

3. Communication: En français!

A. *Conversation avec Caroline* You are in a café with your friend Caroline. You plan to see a movie together. Complete the dialogue.

CAROLINE: Quelle heure est-il?

YOU: _____
(Look at your watch and tell her the time.)

CAROLINE: À quelle heure est le film?

YOU: _____
(Name a time about half an hour from now.)

B. *Conversation avec Julien* You are in a hurry to keep an appointment with Mme Pascal, your math teacher. You meet your friend Julien. Complete the dialogue.

YOU: _____
(Ask Julien what time it is.)

JULIEN: Il est onze heures dix. Pourquoi *(why)*?

YOU: _____ avec Madame Pascal.
(Say you have an appointment with Madame Pascal.)

JULIEN: À quelle heure?

YOU: _____
(Tell him at quarter past eleven, and say good-bye.)

Flash culturel

With the 24-hour clock, times are expressed as follows:
- A.M. hours go from 0 h 01 (one minute after midnight) to 12 h 00 (noon).
- P.M. hours go from 12 h 01 to 24 h 00.

To calculate the P.M. equivalent of 24-hour clock times, simply subtract 12.

22 h 40 =
22:40 − 12 =
10:40 P.M.

Nom _____

Classe _____ Date _____

Vidéo-scène B. Le jour et la date

LISTENING ACTIVITIES

Section 1. Les jours de la semaine

A. Compréhension orale Listening comprehension

▶ Christine arrive mardi.

▶ Christine

1. Pauline
2. Bertrand
3. Céline
4. Didier
5. Agnès
6. Guillaume
7. Véronique

a. lundi
b. mardi
c. mercredi
d. jeudi
e. vendredi
f. samedi
g. dimanche

Section 2. La date

B. Compréhension orale

▶ C'est le _2_ février.

1. C'est le _____ mars.
2. C'est le _____ juin.
3. C'est le _____ juillet.
4. C'est le _____ août.
5. C'est le _____ septembre.
6. C'est le _____ novembre.

Nom _____

Classe _____ Date _____

C. Questions et réponses

▶ —Quel jour est-ce?
—C'est le 5 décembre.

▶

1. 2. 3.

4. 5. 6. 7.

Section 3. L'anniversaire

D. Compréhension orale

▶ Alice: le 18/7

1. Béatrice: le _____
2. Françoise: le _____
3. Julie: le _____
4. Delphine: le _____
5. Denis: le _____
6. Paul: le _____

Section 4. Conversations

E. Compréhension orale

1. What day is it today?
   a. Tuesday
   b. Wednesday
   c. Friday

2. When is Charlotte's birthday?
   a. in March
   b. in October
   c. in December

3. When is David's birthday?
   a. in January
   b. in August
   c. in September

4. When will David and Charlotte meet again?
   a. tomorrow
   b. tonight
   c. in a week

Section 5. Dictée

F. Écoutez et écrivez.

—C'est quand, ton _____?

—C'est le deux_____. C'est un _____. Et toi?

—Moi, c'est le _____ novembre. C'est un _____.

Unité 2, Leçon 4
Workbook

Nom _____

Classe _____ Date _____

WRITING ACTIVITIES

1. La semaine

Can you fit the seven days of the week into the following French puzzle?

1. S _ _ _ _ _
2. _ E _ _ _ _ _
3. M _ _ _ _ _ _ _
4. _ A _ _ _ _
5. _ I _ _ _ _ _
6. _ N _
7. _ E _ _ _ _

2. Les mois

Complete the grid with the names of the missing months.

janvier		mars
avril	mai	
		septembre
octobre	novembre	

FLASH culturel

In France, **le quatorze juillet** is a very important date. What do the French do on that day?

❏ They vote. ❏ They celebrate their national holiday.
❏ They pay their taxes. ❏ They honor their war veterans.

→ page 49

Nom _____

Classe _____ Date _____

Unité 2, Leçon 4, Workbook

BLEU

3. Joyeux anniversaire! *(Happy birthday!)*

Ask five friends when their birthdays are. Write out the information in French on the chart below.

NOM	ANNIVERSAIRE
▶ David	le trois juillet
1. _____	_____
2. _____	_____
3. _____	_____
4. _____	_____
5. _____	_____

4. Communication: En français!

Answer the following questions in complete sentences.

1. Quel jour est-ce aujourd'hui?

   _____

2. Et demain?

   _____

3. Quelle est la date aujourd'hui?

   _____

4. C'est quand, ton anniversaire?

   _____

FLASH culturel

On July 14, or "Bastille Day" as it is known in the United States, the French celebrate their national holiday. On July 14, 1789, a Parisian mob stormed **la Bastille**, a state prison which had come to symbolize the king's tyranny. This important historical event marked the beginning of the French Revolution and led to the establishment of a republican form of government for the first time in French history.

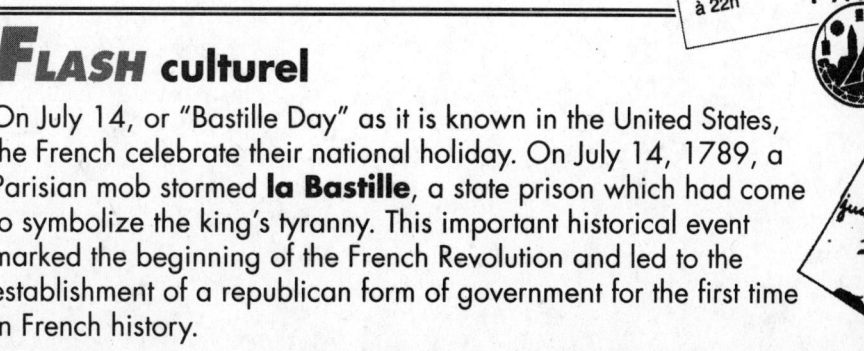

Fête Nationale
mardi 14 juillet
à 22h
PARIS

liberté
égalité
fraternité

Vidéo-scène C. Le temps

LISTENING ACTIVITIES

Section 1. Quel temps fait-il?

A. Compréhension orale

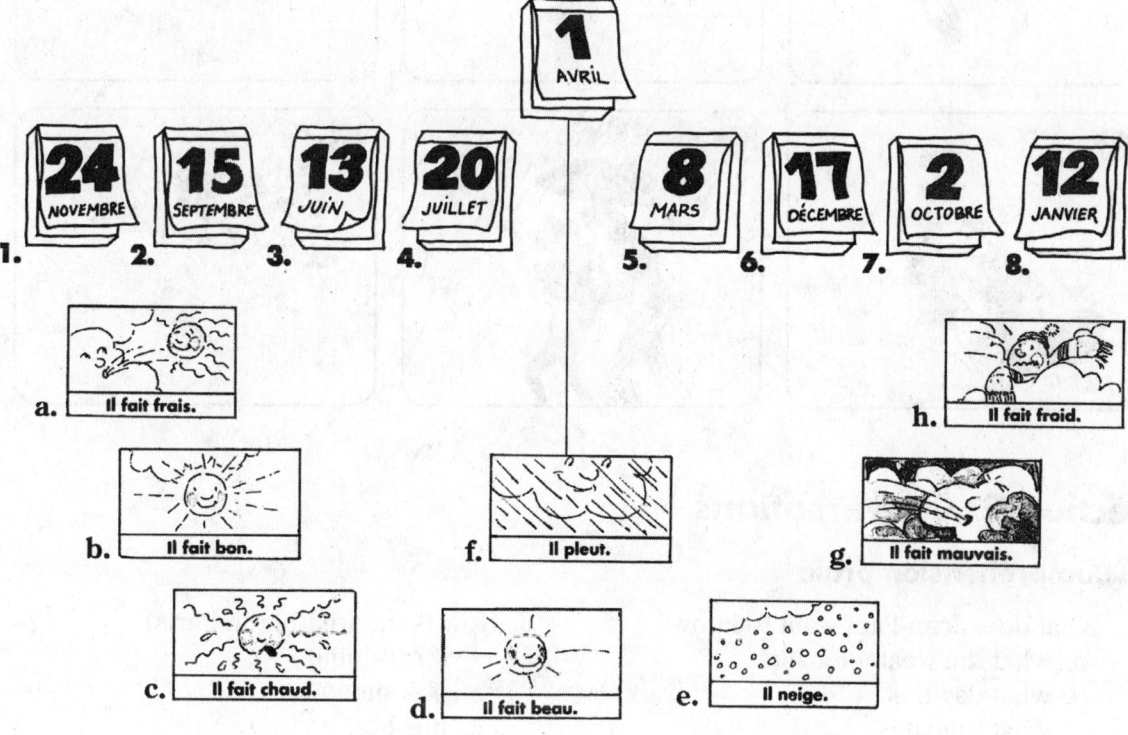

B. Questions et réponses

Section 2. Conversations

C. Compréhension orale

1. What does Jean-Paul want to know?
   a. what the weather is like
   b. what day it is
   c. what time it is

2. How is the weather today?
   a. It is nice.
   b. It is cold.
   c. It is warm.

3. How is the weather in Paris?
   a. It is raining.
   b. It is snowing.
   c. It is hot.

4. What is Jean-Paul's favorite season?
   a. spring
   b. summer
   c. fall

Section 3. Dictée

D. Écoutez et écrivez.

—Quel _____ fait-il aujourd'hui?

—Il fait _____.

—Et en _____?

—Il _____.

Nom _____

Classe _____ Date _____

Discovering FRENCH Nouveau!
BLEU

Unité 2, Leçon 4 Workbook

WRITING ACTIVITIES

1. Les quatre saisons

Write the names of the seasons associated with the following pictures.

_____ _____ _____ _____

2. La météo (Weather report)

Look at the map of France and describe the weather in the cities indicated below.

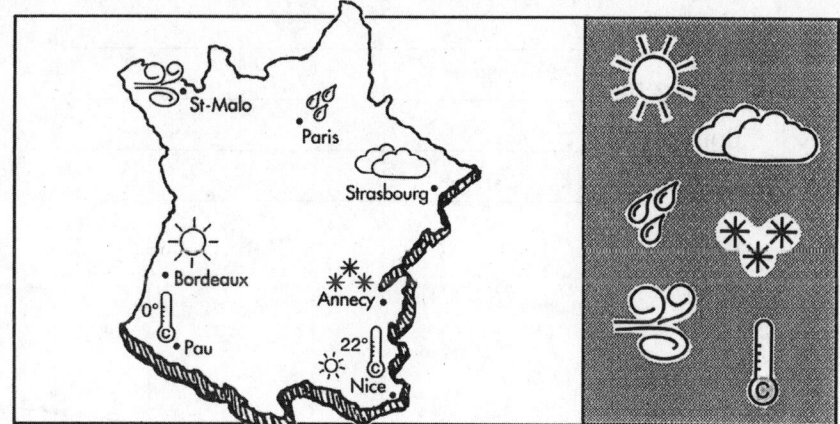

1. À Pau, _____.
2. À Nice, _____.
3. À Bordeaux, _____.
4. À Strasbourg, _____.
5. À Annecy, _____.
6. À St-Malo, _____.
7. À Paris, _____.

FLASH culturel

If you went to France for Christmas vacation, what kind of weather should you expect?

❑ rain   ❑ snow   ❑ cold weather   ❑ mild weather

➜ page 54

Discovering French, Nouveau! Bleu

Nom _____

Classe _____ Date _____

Discovering FRENCH *Nouveau!*
BLEU

3. Communication: Quel temps fait-il?

Describe the weather in the city where you live.

1. Aujourd'hui, _____.
2. En été, _____.
3. En automne, _____.
4. En hiver, _____.
5. Au printemps, _____.

4. Communication: As-tu faim? As-tu soif?

When we go to a café, what we order often depends on the weather. Read each of the weather descriptions and then indicate what you would like to eat and/or drink.

Le Temps	Au Café
	S'il vous plaît, . . .
▶ Il fait froid.	donnez-moi *un croissant et un chocolat*.
1. Il fait chaud.	donnez-moi _____.
2. Il pleut.	donnez-moi _____.
3. Il neige.	donnez-moi _____.
4. Il fait frais.	donnez-moi _____.

FLASH culturel

Since France is very geographically diverse, winter weather varies from region to region. It may snow and be quite cold in the Alps, the Pyrenees, and the mountains of central France. The weather may be rather mild along the Mediterranean and in southern France. In the rest of the country it may be cool and sometimes rainy.

Nom _____

Classe _____ Date _____

Discovering FRENCH *Nouveau!*

BLEU

UNITÉ 2 Reading and Culture Activities

A. À la Terrasse Mailloux

The Terrasse Mailloux is a restaurant in Quebec City. This morning you visited the Citadelle with a classmate, and now you have stopped at the Terrasse Mailloux for lunch.

Together with your classmate, read the menu carefully and select three dishes that you will each have.

- Write down the dishes you have selected.
- Then enter the prices in Canadian dollars for what you have chosen and total up each bill.

MOI		MON COPAIN/MA COPINE	
PLAT	PRIX	PLAT	PRIX
_____	_____	_____	_____
_____	_____	_____	_____
_____	_____	_____	_____
TOTAL	_____	TOTAL	_____

Terrasse Mailloux

entrées

Frites (French fries)	0.80
Frites avec sauce hot chicken (French fries with hot chicken sauce)	1.00
Frites avec sauce spaghetti (French fries with spaghetti sauce)	1.65
Oignons français (Onion rings)	1.50

salades

Au poulet (Chicken)	3.95
Au homard (en saison) Lobster (in season)	9.50
Salade du chef (Chef's salad)	1.50

pizza 9"

Fromage (Cheese)	3.25
Pepperoni	3.75
Garnie (All dressed)	4.25

sandwichs
(servis avec frites et salade de choux)
(served with French fries and cole slaw)

Salade aux oeufs (Egg salad)	2.00
Jambon (Ham)	2.50
Poulet (Chicken)	2.25
Tomates et bacon (Tomato & bacon)	2.50
Croque Monsieur	3.25

desserts

Salade de fruits (Fruit salad)	1.25
Tartes (Pies)	1.00
Gâteau moka (Mocha cake)	1.50
Gâteau Forêt Noire (Black Forest cake)	1.75

Discovering French, Nouveau! Bleu

Nom _____

Classe _____ Date _____

B. Agenda

Look at the following page from Stéphanie's pocket calendar.

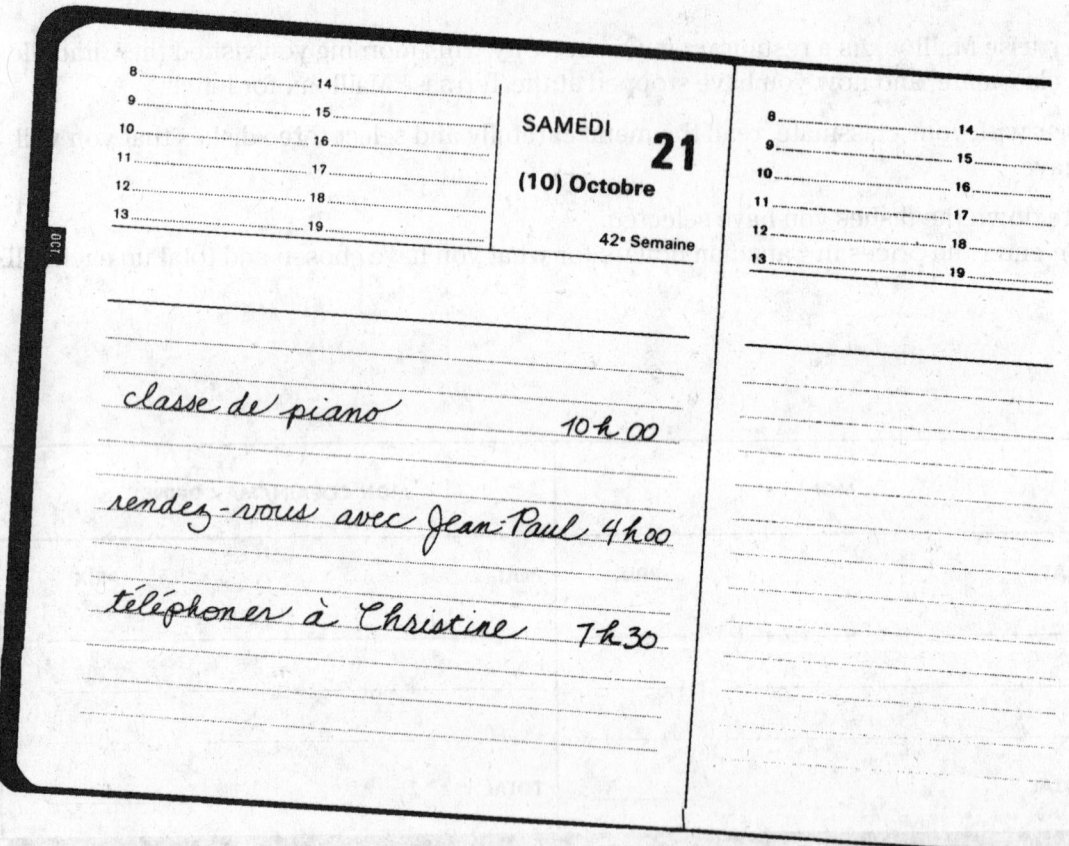

- What does Stéphanie have scheduled for Saturday morning at 10 A.M.?

- When is Stéphanie going to meet Jean-Paul?

- What is Stéphanie planning to do at 7:30?

C. Les boutiques du Palais des Congrès

In this ad, the shops at the Paris Convention Center (**le Palais des Congrès**) are announcing a large sale. Look at the ad carefully.

- What is the French word for *sale*?
  _____
- On what day does the sale begin?
  _____
- On what day does the sale end?
  _____
- Is there parking available? _____
- For how many cars? _____

D. « Un bon patriote »

Look at this Paris ticket for "Un bon patriote."

- Where is the performance being held?
  _____
- How much does the ticket cost?
  _____
- What is the date on the ticket?
  _____
- What day of the week is the performance?
  _____
- What time does the performance begin?
  _____

E. La météo

**La météo en bref:
23 avril**

En Bretagne et en Normandie, il pleut.

Dans la région parisienne, il fait beau.

Dans les Alpes, il fait frais.

Cependant sur la Côte d'Azur, à Nice et à Cannes, il fait du vent.

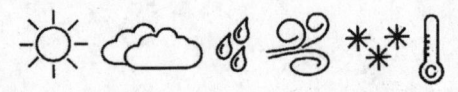

1. What is the weather like in Brittany and Normandy?
   - ❏ It's sunny.
   - ❏ It's windy.
   - ❏ It's rainy.
   - ❏ It's snowing.

2. What is the weather like in Paris?
   - ❏ It's sunny.
   - ❏ It's windy.
   - ❏ It's rainy.
   - ❏ It's snowing.

3. What is the weather like in Nice?
   - ❏ It's sunny.
   - ❏ It's windy.
   - ❏ It's rainy.
   - ❏ It's snowing.

Unité 3. Qu'est-ce qu'on fait?

LEÇON 5   Le français pratique: Mes activités

LISTENING ACTIVITIES

Section 1. J'aime . . . Je n'aime pas . . .

A. Compréhension orale

M = Marc   C = Caroline

1. _____

2. _____

3. _____

4. _____

5. _____

6. _____

7. _____

8. _____

9. _____

10. _____

11. _____

12. _____

Unité 3
Leçon 5
Workbook

Nom _____

Classe _____ Date _____

B. Parlez.

Modèle: J'aime écouter la radio.
(Je n'aime pas écouter la radio.)

▶

1.

2.

3.

4.

5.

6.

7.

Section 2. Invitations

C. Compréhension orale

1. At a party.   a. ____ accepts   b. ____ declines
2. By the tennis courts.   a. ____ accepts   b. ____ declines
3. At home.   a. ____ accepts   b. ____ declines

Est-ce que vous allez aller au cinéma?

D. Parlez.

Modèle: Est-ce que tu veux jouer au foot avec moi?

1. 2.

3. 4. 5.

Section 3. Dictée

E. Écoutez et écrivez.

— Dis, Stéphanie, est-ce que tu _____ jouer au tennis _____ moi?

— Je regrette, mais je ne _____ pas.

— Pourquoi? *(Why?)*

— Je _____ étudier.

WRITING ACTIVITIES

A* 1. Qu'est-ce qu'ils aiment faire? *(What do they like to do?)*

The following people are saying what they like to do. Complete the bubbles, as in the model.

2. Et toi?

Say whether or not you like to do the activities suggested by the pictures.

 1. _____

 5. _____

 2. _____

 6. _____

 3. _____

 7. _____

 4. _____

 8. _____

*NOTE: Beginning with this unit, activities are coded to sections in your textbook (Ex: Leçon 5, Section A) for your reference.

B/C 3. Communication: En français!

1. You are spending your vacation in a French summer camp.

   Ask your friend Patrick . . .

   - *if he likes to swim*

   - *if he likes to play basketball*

   - *if he wants to play soccer with you*

2. Your friend Cécile is phoning to invite you to go to a restaurant. Unfortunately you have an English exam tomorrow.

   Tell Cécile . . .

   - *that you are sorry*

   - *that you cannot have dinner at the restaurant with her*

   - *that you have to study*

3. At the tennis court, you meet your friend Jean Claude.

   - *Tell him that you would like to play tennis.*

   - *Ask him if he wants to play with you.*

Nom _____

Classe _____ Date _____

BLEU

LEÇON 6 Une invitation

LISTENING ACTIVITIES

Section 1. Le verbe être

A. Écoutez et parlez.

Modèle: Paris Vous êtes de Paris.

1. Québec
2. Lille
3. New York
4. Montréal
5. Los Angeles
6. Manchester
7. Lyon
8. Boston

Section 2. Tu ou vous?

B. Écoutez et parlez.

Modèle: Stéphanie Tu es française?
Monsieur Lambert Vous êtes français?

Commençons.

1. Philippe
2. Mélanie
3. Madame Dubois
4. Mademoiselle Masson
5. Thomas
6. Monsieur Dorval

Section 3. Où sont-ils?

C. Compréhension orale

Modèle: Pierre   au restaurant

1. Charlotte   en ville
2. Monsieur Leblanc   à la maison
3. Julien et Nicolas   au café
4. Le prof   en vacances
5. Stéphanie et François   au cinéma
6. Monsieur et Madame Arnaud   en classe

D. Questions et réponses

▶ —Est-ce qu'il est à la maison ou au restaurant?
—Il est au restaurant.

▶

Section 4. Non!

E. Écoutez et parlez.

Modèle: Kevin: français?
   Non, il n'est pas français.

1. Stéphanie: canadienne?
2. Jean-Paul: à la maison?
3. Juliette: au cinéma?
4. Thomas: en classe?

Modèle: Éric et Nicolas: en ville?
   Non, ils ne sont pas en ville.

5. Anne et Claire: à la maison?
6. Monsieur et Madame Moreau: à Québec?
7. Monsieur et Madame Dupont: en vacances?

Section 5. Dictée

F. Écoutez et écrivez.

—Salut Thomas! Tu _____ à la maison?

—Non, je _____ au café.

—Est-ce que ta soeur est avec toi?

—Non, elle _____ avec moi.

Elle est _____ avec une copine.

Elles _____ au cinéma.

Nom _____

Classe _____ Date _____

WRITING ACTIVITIES

A 1. Mots croisés (Crossword puzzle)

Complete the crossword puzzle with the forms of **être**. Then write the corresponding subject pronoun in front of each form.

▶ nous   S O M M E S

1. _____   _ S _
2. _____   S _ _ S
3. _____   _ _ _ S
4. _____   S _ _ T
5. _____   _ S

2. En vacances

The people in parentheses are on vacation. Say where they are, using the appropriate pronouns: **il, elle, ils,** or **elles**.

▶ (Cécile)   Elle est _____ à Québec.
1. (Jean-Marc)   _____ à Tours.
2. (Catherine et Sophie)   _____ à Nice.
3. (Mademoiselle Simon)   _____ à Montréal.
4. (Jérôme et Philippe)   _____ en Italie.
5. (Isabelle, Thomas et Anne)   _____ au Mexique.
6. (Monsieur et Madame Dupin)   _____ au Japon.

3. Où sont-ils?

Complete the following sentences, saying where the people are.

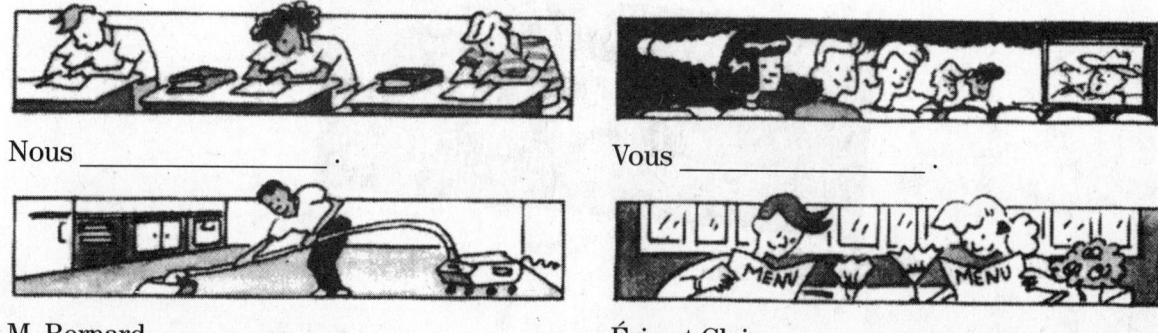

Nous _____.   Vous _____.

M. Bernard _____.   Éric et Claire _____.

Nom _____

Classe _____ Date _____

B/C 4. Non!

Answer the following questions in the negative, using pronouns in your answers.

1. Est-ce que tu es français (française)?
   _____

2. Est-ce que ton copain est canadien?
   _____

3. Est-ce que ta copine est anglaise?
   _____

4. Est-ce que tu es au cinéma?
   _____

5. Est-ce que tes (*your*) parents sont en vacances?
   _____

5. Communication: En français!

1. The phone rings. It is your French friend Caroline who wants to talk to your brother.

   Tell Caroline that he is not home.
   _____

   Tell her that he is downtown with a friend.
   _____

2. You are phoning your friend Marc. His mother answers.

   Ask her if Marc is there.
   _____

   Ask her if you can please speak with Marc.
   _____

Nom _____

Classe _____ Date _____

LEÇON 7 Une boum

LISTENING ACTIVITIES

Section 1. Je parle français.

A. Questions et réponses

Modèle: Tu parles français.
  Oui, je parle français.

B. Regardez et parlez . . .

Modèle: [Pauline] **Elle joue au foot.**

Pauline

1. Thomas   2. Stéphanie   3. Marc   4. Isabelle

5. Frédéric   6. Mélanie   7. M. Rémi   8. Mme Dupin

Section 2. Nous parlons français.

C. Questions et réponses

Modèle: Vous parlez français ?
  Oui, nous parlons français.

Nom _____

Classe _____ Date _____

D. Compréhension orale

	Modèle	1	2	3	4	5	6	7	8
A. oui									
B. non	✓								

E. Questions et réponses

▶ —Est-ce qu'il travaille?
  —Non, il ne travaille pas.

Section 4. Dictée

F. Écoutez et écrivez.

—Est-ce que tu _____ jouer au basket?

—Oui, je joue _____ avec ma cousine.

—Est-ce qu'elle joue _____?

—Non, elle _____ très bien, mais elle _____ jouer!

Nom _____

Classe _____ Date _____

WRITING ACTIVITIES

A/B 1. Tourisme

The following people are traveling abroad. Complete the sentences with the appropriate forms of **visiter**.

1. Nous _____ Québec.
2. Tu _____ Fort-de-France.
3. Jean et Thomas _____ Paris.
4. Vous _____ Genève.
5. Hélène _____ San Francisco.
6. Je _____ La Nouvelle Orléans.
7. Marc _____ Tokyo.
8. Monsieur et Madame Dupont _____ Mexico.

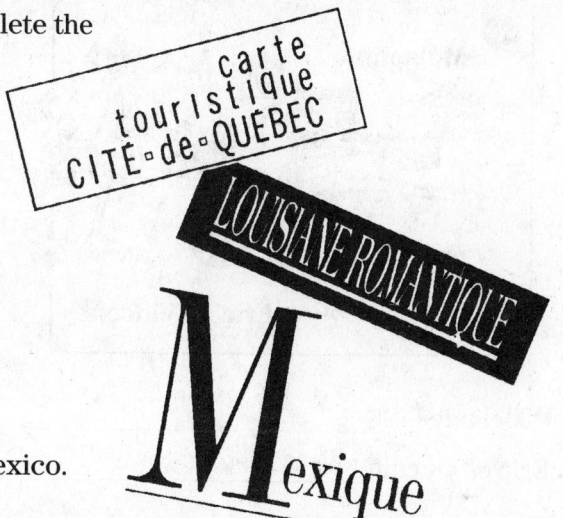

2. Qu'est-ce qu'ils font?

Describe what people are doing by completing the sentences with the appropriate verbs. First write the infinitive in the box, and then fill in the correct form in the sentence. Be logical.

manger	écouter	regarder	dîner
	jouer	organiser	parler

▶ dîner	Nous *dînons*	au restaurant.
1.	Christine et Claire _____	au tennis.
2.	Vous _____	la télé.
3.	J' _____	la radio.
4.	Tu _____	français avec le professeur.
5.	Jérôme _____	un sandwich.
6.	Nous _____	une boum.

Discovering French, Nouveau! Bleu

Nom _____

Classe _____ Date _____

3. Descriptions

Look carefully at the following scenes and describe what the different people are doing.

▶ Mélanie <u>nage</u>_____.

Éric et Vincent <u>jouent au foot</u>_____.

Monsieur Boulot _____.

Claire et Philippe _____.

Le professeur _____.

Hélène et Marc _____.

Diane _____.

Jean-Paul et Bernard _____.

Nom _____

Classe _____ Date _____

C 4. Et toi?

Your French friend Caroline wants to know more about you. Answer her questions, affirmatively or negatively.

1. Tu parles anglais?
   _____

2. Tu parles souvent français?
   _____

3. Tu habites à New York?
   _____

4. Tu étudies l'espagnol?
   _____

5. Tu joues aux jeux vidéo?
   _____

6. Tu dînes souvent au restaurant?
   _____

5. Dimanche

For many people, Sunday is a day of rest. Say that the following people are not doing the activities in parentheses.

▶ (étudier)   Tu *n'étudies pas* _____.

1. (étudier)   Nous _____.
2. (travailler) Vous _____.
3. (parler)   Mon copain _____ français.
4. (téléphoner) La secrétaire _____.
5. (jouer)   Paul et Thomas _____ au foot.
6. (voyager)   Tu _____.

Nom _____

Classe _____ Date _____

6. Communication (sample answer)

You have a new French pen pal named Isabelle. Write her a short letter introducing yourself.

Date your letter.

- *Tell Isabelle your name.*
- *Tell her in which city you live.*
- *Tell her at what school you study.*
- *Tell her whether or not you often speak French.*
- *Tell her what sports you play.*
- *Tell her two things you like to do.*
- *Tell her one thing you do not like to do.*

Sign your letter.

Chère Isabelle,
_____
_____
_____
_____
_____
_____
_____

Amitiés,
_____

Unité 3, Leçon 7
Workbook

Discovering French, Nouveau! Bleu

Nom _____

Classe _____ Date _____

LEÇON 8 Un concert de musique africaine

LISTENING ACTIVITIES

Section 1. Questions

A. Compréhension orale

	A où?	B quand?	C à quelle heure?	D comment?	E à qui?	F avec qui?
▶	✔					
1						
2						
3						
4						
5						
6						
7						
8						

B. Questions et réponses

Modèle: . . . à Québec.
  J'habite à Québec.

1. . . . à huit heures
2. . . . bien
3. . . . en France
4. . . . en été
5. . . . à une copine
6. . . . avec mon oncle
7. . . . une pizza
8. . . . une promenade

Discovering French, Nouveau! Bleu

Nom _____

Classe _____ Date _____

Section 2. La réponse logique

C. Compréhension orale

1. a. À sept heures.
   b. Avec un copain.
   c. À la maison.

2. a. Dimanche.
   b. À huit heures.
   c. Avec ma cousine.

3. a. Oui, bien sûr!
   b. Très bien.
   c. Au club de sport.

4. a. À un copain.
   b. À la maison.
   c. Parce que je veux parler à ma mère.

5. a. Une omelette.
   b. À la cafétéria.
   c. À six heures et demie.

6. a. En France.
   b. Avec mon cousin.
   c. Parce que j'aime voyager.

Section 3. Dictée

D. Écoutez et écrivez.

—Dis, Patrick, qu'est-ce que tu _____ demain?

—Je joue au tennis avec ma cousine. Nous _____ un match. _____?

—_____ je peux jouer avec vous?

—Oui, bien sûr!

WRITING ACTIVITIES

A 1. Dialogue

Complete the following dialogues with the appropriate interrogative expressions.

1. —_____ est-ce que tu habites?
   —J'habite à Dakar.

2. —_____ est-ce que tu dînes?
   —En général, je dîne à huit heures.

3. —_____ est-ce que tu chantes?
   —Je chante assez bien.

4. —_____ est-ce que tu étudies l'italien?
   —Parce que je veux visiter l'Italie.

5. —_____ est-ce que tu voyages?
   —Je voyage en juillet.

6. —_____ est-ce que ta mère travaille?
   —Elle travaille dans (in) un hôpital.

B 2. Répétitions

Philippe did not quite hear what Annie told him and he asks her to repeat what she said. Complete his questions.

ANNIE:	PHILIPPE:
▶ Je joue au tennis avec Vincent.	Avec qui est-ce que tu joues au tennis ?
1. Je téléphone souvent à Olivier.	À _____ ?
2. Je parle rarement à Valérie.	À _____ ?
3. J'étudie avec Jean-Claude.	Avec _____ ?
4. Je travaille pour M. Bertrand.	Pour _____ ?
5. Je parle anglais avec Vanessa.	Avec _____ ?
6. Je parle de Pierre.	De _____ ?

Nom _____

Classe _____ Date _____

A/B/C 3. Curiosité

You want to know more about what the following people are doing. Write your questions using subject pronouns and the expressions in parentheses.

▶ Jérôme dîne. (avec qui?)
Avec qui est-ce qu'il dîne?

1. Madame Martin travaille. (où?)
   _____

2. Nathalie téléphone. (à qui?)
   _____

3. Antoine organise une boum. (quand?)
   _____

4. Thomas et Patrick étudient beaucoup. (pourquoi?)
   _____

5. Hélène et Sylvie jouent au tennis. (à quelle heure?)
   _____

6. Béatrice étudie. (qu'est-ce que?)
   _____

D 4. Conversations

Complete the following mini-dialogues with the appropriate forms of **faire**.

1. —Qu'est-ce que tu _____ à deux heures?
   —Je _____ un match de tennis.

2. —Qu'est-ce que vous _____ maintenant?
   —Nous _____ une salade de fruits.

3. —Où est ta cousine?
   —Elle _____ un voyage au Sénégal.

4. —Où sont Paul et Marc?
   —Ils sont en ville. Ils _____ une promenade.

Nom _____

Classe _____ Date _____

5. Communication

1. You want to invite your friend Nathalie to your home for dinner.

   Ask her . . .
   - *at what time she has dinner* _____
   - *what she likes to eat* _____

2. You are interviewing Madame Ricard, a French businesswoman, for your school newspaper. (Do not forget to address her as **vous!**)

   Ask her . . .
   - *where she lives* _____
   - *where she works* _____
   - *when she travels* _____

3. You meet your friend Marc.

   Ask him . . .
   - *what he is doing now* _____
   - *what he is doing tomorrow* _____
   - *if he wants to play video games* _____

Nom _____

Classe _____ Date _____

UNITÉ 3   Reading and Culture Activities

A. En France et en Louisiane

1. You would pay attention to this ad if you were interested in . . .
   ❏ singing
   ❏ traveling
   ❏ going to a concert
   ❏ visiting a church

2. If you were traveling in Louisiana, you might see this sign in certain shops. What does it mean?
   ❏ We are French.
   ❏ French is spoken here.
   ❏ We sell French products.
   ❏ We like French people.

3. Here is another sign you might see in Louisiana. What does it mean?
   ❏ We do not speak French.
   ❏ We are proud to speak French.
   ❏ We sell French products.
   ❏ We love people who speak French.

Nom _____

Classe _____ Date _____

B. La Maison des Jeunes et de la Culture

Sandrine Moreau has dropped by Les Marquisats to get more information about their activities. She was asked to fill out the following form.

Je souhaite recevoir régulièrement des informations sur les activités culturelles de la Maison des Jeunes et de la Culture "Les Marquisats" d'Annecy.

Je suis plus particulièrement intéressé(e) par :

☐ CINÉMA   ☑ DANSES SPÉCIALES   ☐ CONFÉRENCES
☑ STAGES DANSE   ☐ JAZZ   ☐ ROCK   ☐ CHANSON

NOM _MOREAU, Sandrine_
INSTITUTION / PROFESSION _Étudiante_
ADRESSE _136, rue Descartes_
74000 Annecy
TÉL. _____ (facultatif).

LES MARQUISATS
M.J.C. 52, RUE DES MARQUISATS
74000 ANNECY TEL. 04.50.45.08.80

---

1. Sandrine is especially interested in . . .
   ☐ movies
   ☐ music
   ☐ dance
   ☐ lectures

2. Who is Sandrine?
   ☐ A student.
   ☐ A homemaker.
   ☐ A guitarist.
   ☐ A retired person.

Nom _____

Classe _____ Date _____

C. Conversation

Carefully read the following phone conversation between Carole and her friend Julien.

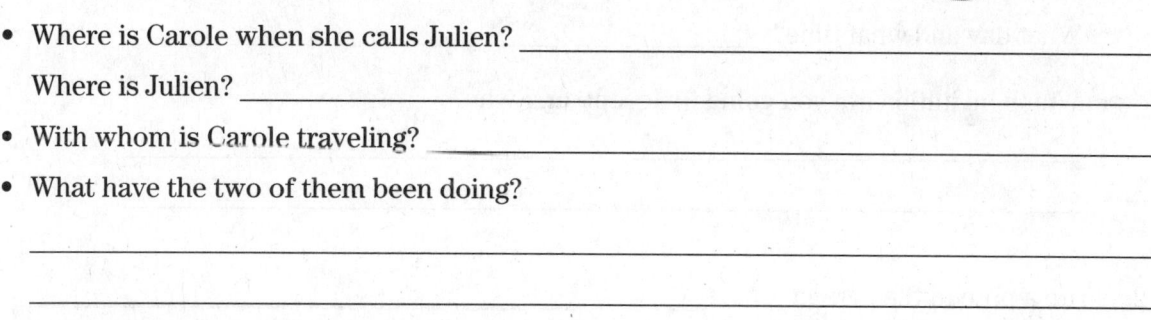

CAROLE: Allô, Julien?
JULIEN: Ah, c'est toi, Carole. Mais où es-tu?
CAROLE: Je suis à Tours.
JULIEN: À Tours? Mais pourquoi es-tu là-bas?
CAROLE: Je fais un voyage avec ma cousine.
JULIEN: Ah bon! Qu'est-ce que vous faites?
CAROLE: Oh là là, nous faisons beaucoup de choses. Nous visitons les châteaux. Nous dînons dans les restaurants. Nous . . .
JULIEN: Quand est-ce que vous rentrez à Paris?
CAROLE: Le quinze août.
JULIEN: Alors, bonnes vacances et bon retour!

- Where is Carole when she calls Julien? _____
  Where is Julien? _____
- With whom is Carole traveling? _____
- What have the two of them been doing?
  _____
  _____
- When is Carole returning home? _____

D. Invitations

1. You recently received two invitations. (Note: **venir** means *to come*.)

- What is Daniel's invitation for? _____
  What day and what time? _____

- What is Christophe's invitation for? _____
  What day and what time? _____

- Which invitation are you going to accept, and why?
  _____
  _____

2. Write a note to the person whose invitation you have to turn down.
   - Express your regret.
   - Explain that you have other plans.
   - Sign your note.

   Cher _____,
   _____
   _____
   _____
   _____
   _____

Nom _____

Classe _____ Date _____

Unité 4. Le monde personnel et familier

LEÇON 9 Le français pratique: Les personnes et les objets

LISTENING ACTIVITIES

Section 1. La description des personnes

A. Compréhension orale

Antoine
_____

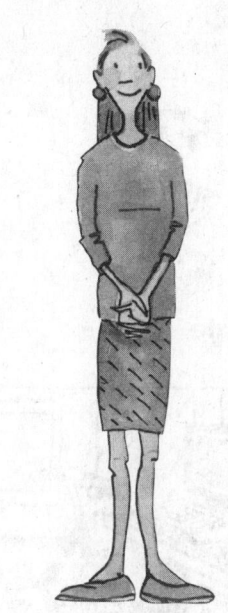
Mélanie
1

Section 2. Les objets

B. Compréhension orale

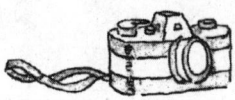         
a. ____   b. ____   c. ____   d. ____

         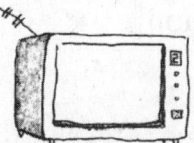
e. ____   f. ____   g. ____   h. 0

Discovering French, Nouveau! Bleu

Nom _____

Classe _____ Date _____

C. Questions et réponses

▶ — Qu'est-ce que c'est?
— C'est un appareil-photo.

 1.  2.  3.

 4.  5.  6.  7.

D. Compréhension orale

	Modèle	1	2	3	4	5	6	7	8	9	10
A: oui											
B: non	✔										

Section 3. Où est-il?

E. Questions et réponses

▶ — Est-ce que l'appareil-photo est sur la table ou sous la table?
— Il est sur la table.

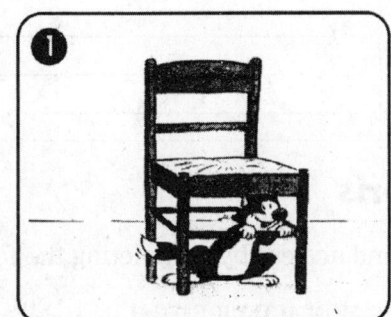

Section 4. Dictée

F. Écoutez et écrivez.

— Dis, Sylvie. Est-ce que tu as une _____?

— Non, mais j'ai un _____.

— Est-ce qu'il _____ bien?

— Mais oui, bien sûr. Tu veux écouter?

Nom _____

Classe _____ Date _____

WRITING ACTIVITIES

A 1. Auto-portrait

Write a short paragraph describing yourself. Give the following information:

- your name
- your age
- two physical traits

2. Mes acteurs favoris

Describe your favorite actor and actress by completing the following chart. Use complete sentences.

- name
- age (approx.)
- physical traits (affirmative or negative)

MON ACTEUR FAVORI

Il _____

MON ACTRICE FAVORITE

Elle _____

3. Communication

1. Your French friend Sophie has a new neighbor—a boy—and you want to know more about him.

   Ask Sophie . . .
   - *his name* _____
   - *how old he is* _____
   - *if he is tall or short* _____
   - *if he is good-looking* _____

2. Your friend Christophe has just told you that one of his cousins—a girl—is going to visit him next week.

   Ask Christophe . . .
   - *her name* _____
   - *if she is blond or brunette* _____
   - *if she is pretty* _____

Nom _____

Classe _____ Date _____

Unité 4, Leçon 9, Workbook — BLEU

B/C 4. L'intrus *(The intruder)*

The following sentences can be completed logically by three of the items A, B, C, and D. One item does not fit. It is the intruder. Cross it out.

	A	B	C	D
1. Dans le garage, il y a...	une voiture	un vélo	une chambre	un scooter
2. Dans le sac, il y a...	un portable	une porte	un baladeur	un appareil-photo
3. Sur le bureau, il y a...	un ordinateur	une calculatrice	un téléphone	une chaise
4. Sur le mur *(wall)*, il y a...	une affiche	une montre	une photo	un poster
5. Sur la table, il y a...	un crayon	une lampe	un stylo	une mobylette
6. Dans la chambre, il y a...	une moto	une table	deux chaises	une chaîne hi-fi
7. Sous le lit, il y a...	un scooter	un livre	un cahier	un chat

5. Quatre listes

Complete each list with three items.

What I carry in my school bag:

- _____
- _____
- _____

What I would like to have for my birthday:

- _____
- _____
- _____

What I would take on a trip to Paris:

- _____
- _____
- _____

What I would want to have if I were lost on a desert island:

- _____
- _____
- _____

Nom _____

Classe _____ Date _____

6. Leurs possessions *(Their belongings)*

Look at the illustrations and describe four things that each of the following people own. Be sure to use **un** or **une**, as appropriate.

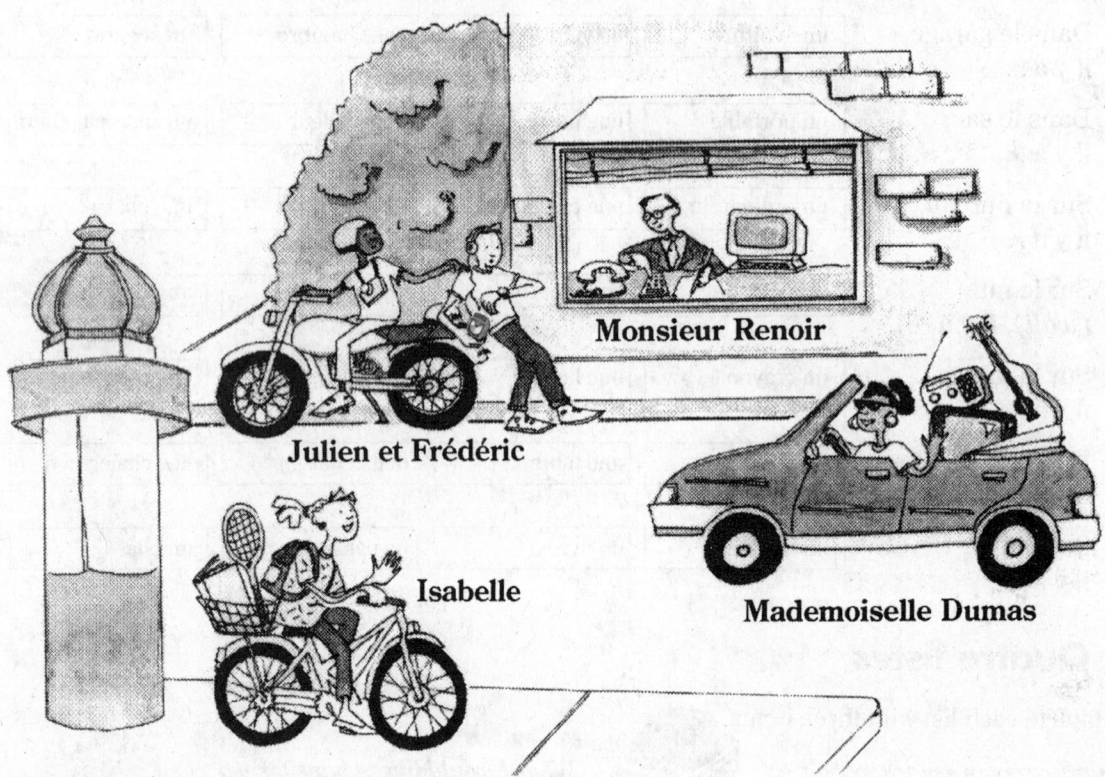

1. Isabelle a *(has)* _____.
2. Mademoiselle Dumas a _____.
3. Julien et Frédéric ont *(have)* _____
   _____.
4. Monsieur Renoir a _____
   _____.

Nom _____

Classe _____ Date _____

Discovering FRENCH *Nouveau!*
BLEU

Unité 4, Leçon 9 Workbook

D 7. Ma chambre

Make a floor plan of your room, indicating the position of the door, the window(s), and the various pieces of furniture. Label everything in French.

Nom _____

Classe _____ Date _____

8. Où sont-ils?

Describe the cartoon by completing the sentences with the appropriate expressions of location.

1. Le policier est _____ la voiture.
2. L'homme est _____ la voiture.
3. Le chien est _____ la voiture.
4. Le chat est _____ la voiture.
5. Le vélo est _____ la voiture.

Nom _____

Classe _____ Date _____

LEÇON 10 Vive la différence!

LISTENING ACTIVITIES

Section 1. Les articles

A. Singulier ou pluriel?

	Modèle	1	2	3	4	5	6	7	8
A:									
B:	✓								

B. Parlez!

Modèles: une radio   Où est la radio?
            des livres   Où sont les livres?

Section 2. Oui ou non?

C. Compréhension orale

1. a. une raquette   oui   non
2. a. une calculatrice   oui   non
   b. un ordinateur   oui   non
3. a. une chaîne hi-fi   oui   non
   b. un baladeur   oui   non
   c. des CD   oui   non
4. a. un stylo   oui   non
   b. des crayons   oui   non
   c. des livres   oui   non
   d. des cahiers   oui   non

Discovering French, Nouveau! Bleu

Unité 4, Leçon 10
Workbook

Nom _____

Classe _____ Date _____

D. Questions et réponses

▶ —Est-ce que tu as un vélo?
—**Oui, j'ai un vélo.**
(**Non, je n'ai pas de vélo.**) ▶

1.   2.   3.   4.

5.   6.   7.

E. Questions et réponses

Modèle: Est-ce qu'il y a un ordinateur?
Non, il n'y a pas d'ordinateur.

Nom _____

Classe _____ Date _____

Discovering FRENCH *Nouveau!*

BLEU

Unité 4 Leçon 10 Workbook

Section 3. Conversations

F. La réponse logique

1. a. Oui, j'ai soif.
   b. Non, je n'ai pas faim.
   c. Non, je n'ai pas soif.

2. a. Il est sur la table.
   b. Elle est là-bas.
   c. Elles sont dans le garage.

3. a. Isabelle et Françoise.
   b. Stéphanie.
   c. Elle s'appelle Mélanie.

4. a. Non, je n'ai pas de vélo.
   b. Si, j'ai un vélo.
   c. Oui, j'ai une moto.

5. a. Oui, ils ont une voiture.
   b. Oui, il a une voiture.
   c. Non, elle n'a pas de voiture.

6. a. Oui, elle aime la musique.
   b. Oui, elle joue au foot et au tennis.
   c. Non, elle n'a pas de vélo.

Section 4. Dictée

G. Écoutez et écrivez

—Tu aimes _____ cinéma?

—Oui, j'aime beaucoup _____ films d'action.

—Est-ce que tu aimes _____ musique?

—Bien sûr. J'ai un baladeur et _____ CD.

—Et une chaîne hi-fi?

—Non, je n'ai pas _____ chaîne hi-fi.

Discovering French, Nouveau! Bleu

Nom _____

Classe _____ Date _____

WRITING ACTIVITIES

A 1. Au café

A group of friends is at a café. Read what everyone is ordering. Then say if they are hungry or thirsty, using the appropriate forms of **avoir faim** or **avoir soif.**

▶ Hélène commande *(orders)* un jus de tomate.   Elle a soif.

1. Nous commandons une pizza. _____
2. Je commande une limonade. _____
3. Tu commandes un steak-frites. _____
4. Patrick commande un sandwich. _____
5. Vous commandez un jus de raisin. _____
6. Pauline et Sophie commandent un soda. _____

B 2. Au choix (Your choice)

Complete the sentences with one of the suggested nouns. Be sure to use **un** or **une,** as appropriate.

▶ Éric mange __une pizza (un sandwich)_____. (sandwich? pizza?)

1. Nathalie commande _____. (glace? soda?)
2. Sophie regarde _____. (DVD? cassette-vidéo?)
3. J'écris *(write)* avec _____. (crayon? stylo?)
4. Pour mon anniversaire, je voudrais _____. (vélo? portable?)

3. Quel article?

Complete the following sentences with the suggested articles, as appropriate.

(un, une, des)

1. Dans le garage, il y a ____ voiture et ____ bicyclettes.
2. Dans ma chambre, il y a ____ chaises et ____ lit.
3. Thomas a ____ portable et ____ baladeur.
4. Isabelle est ____ copine. Paul et Marc sont ____ copains.

(le, la, l', les)

5. ____ élèves et ____ professeur sont dans la classe.
6. ____ ordinateur est sur ____ bureau.
7. ____ stylo est sur ____ table.
8. Où sont ____ cahiers et ____ livres?

Nom _____

Classe _____ Date _____

D 4. Pourquoi pas?

Sometimes we do not do certain things because we do not have what we need. Read about what the following people do not do. Then explain why by saying that they do not have one of the things in the box.

| une télé | une voiture | une radio |
| une raquette | une montre | un portable |

▶ Monsieur Dumont ne voyage pas.   Il n'a pas de voiture.

1. Claire ne regarde pas le match de foot.   _____
2. Paul ne joue pas au tennis.   _____
3. Henri n'écoute pas le concert.   _____
4. Sophie ne téléphone pas à Céline.   _____
5. Jean n'est pas ponctuel *(punctual)*.   _____

Nom _____

Classe _____ Date _____

E 5. Qu'est-ce que tu préfères?

Indicate your preferences by choosing one of the items in parentheses. (Note: * = a feminine singular noun; ** = a plural noun)

▶ (soda ou limonade*?)   Je préfère la limonade (le soda).

1. (théâtre ou cinéma?) _____
2. (musique* ou sports**?) _____
3. (gymnastique* ou foot?) _____
4. (français ou maths**?) _____
5. (pizza* ou spaghetti**?) _____
6. (carottes** ou salade*?) _____

F 6. Quel jour?

Say on which days of the week you do the following things.

▶ J'ai une classe de maths   le mardi et le jeudi _____.

1. J'ai une classe de français _____.
2. J'ai une classe de musique _____.
3. Je dîne au restaurant _____.
4. Je fais les courses *(go shopping)* _____.

	LUNDI	MARDI	MERCREDI	JEUDI	VENDREDI	SAMEDI
8h30 à 9h30	Histoire	Allemand	Anglais	Informatique	Allemand	Français
9h30 à 10h30	Anglais	Français	Informatique	Physique	Latin	Français
10h30 à 11h30	Sport	Français	Maths	Maths	Sciences vie et terre	Latin
11h30 à 12h30	Français	Latin				Histoire ou civilisation
13h00 à 14h00						
14h00 à 15h00	Sciences vie et terre	Maths		Allemand		
15h00 à 16h00	Géographie	Maths		Sport		
16h00 à 17h00	Physique	Anglais				

Discovering French, Nouveau! Bleu

Nom _____

Classe _____ Date _____

7. Communication: En français!

1. You want to organize a party but you need help with the music. You phone your friend Mélanie.

   - *Tell her that you do not have a stereo.* _____
   - *Ask her if she has a boom box.* _____
   - *Ask her if she has CDs.* _____

2. You have invited Stéphanie to your house.

   - *Ask her if she is thirsty.* _____
   - *Ask her if she likes orange juice.* _____
   - *Ask her if she wants to play video games.* _____

Nom _____

Classe _____ Date _____

LEÇON 11 Le copain de Mireille

LISTENING ACTIVITIES

Section 1. Les adjectifs

A. Compréhension orale

Modèle: amusante

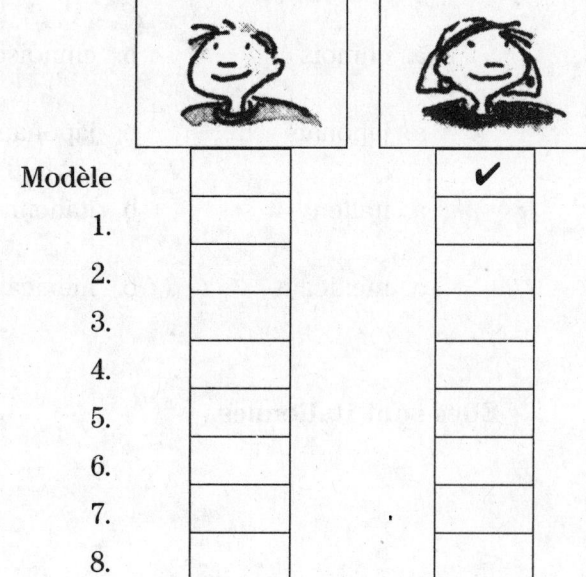

Modèle
1.
2.
3.
4.
5.
6.
7.
8.

B. Parlez!

Modèle: Phillipe est amusant. Et Mélanie?
Elle est amusante.

1. Et Stéphanie?
2. Et Véronique?
3. Et Isabelle?
4. Et Marie?
5. Et Julie?
6. Et Pauline?

Discovering French, Nouveau! Bleu

Section 2. Les nationalités

C. Compréhension orale

   ⓐ américain   b. américaine

1.    a. anglais   b. anglaise

2.    a. canadien   b. canadienne

3.    a. chinois   b. chinoise

4.    a. japonais   b. japonaise

5.    a. italien   b. italienne

6.    a. mexicain   b. mexicaine

D. Parlez.

Modèle: Mes copines (Italie).   **Elles sont italiennes.**

1. Mon cousin (Mexique)
2. Ma tante (Espagne)
3. Mes cousines (Canada)
4. Madame Katagiri (Japon)
5. Monsieur Tang (Chine)
6. Mon oncle (Suisse)

Section 3. Dictée

E. Écoutez et écrivez.

—Qui sont les filles sur la photo?

—Ce sont des copines de Québec.

—Elles sont _____?

—Non, elles sont _____.

    Elles sont _____ et très _____.

—Et les garçons qui jouent au foot?

—Ils sont _____. Ils sont très _____.

Nom _____

Classe _____ Date _____

WRITING ACTIVITIES

A 1. Frères et soeurs

The following brothers and sisters are like each other. Describe the sisters, according to the model.

▶ Alain est blond.   Monique est blonde _____.

1. Marc est petit.   Yvonne _____.
2. Philippe est grand.   Françoise _____.
3. Jean-Claude est timide.   Stéphanie _____.
4. Pierre est intelligent.   Alice _____.
5. Paul est sympathique.   Juliette _____.
6. Jérôme est beau.   Hélène _____.
7. Julien est mignon.   Céline _____.
8. Patrick est sportif.   Catherine _____.

2. Cousin, cousine

Describe two cousins of yours, one male, one female. Write four sentences for each person. (Your sentences may be affirmative or negative.)

▶ Il n'est pas très grand. _____   Elle est assez mignonne. _____

Mon cousin s'appelle _____.   Ma cousine s'appelle _____.

1. _____   1. _____
2. _____   2. _____
3. _____   3. _____
4. _____   4. _____

Nom _____

Classe _____ Date _____

A/B 3. Descriptions

Complete the following descriptions with **le**, **la**, or **les** and the appropriate forms of the adjectives in parentheses.

▶ <u>Les</u> livres sont <u>intéressants</u>. (intéressant)

1. ____ poster est _____. (amusant)
2. ____ chats sont _____. (mignon)
3. ____ table est _____. (grand)
4. ____ chambre est _____. (petit)
5. ____ chiens sont _____. (gentil)

4. Quelle nationalité?

Read where the people live and give their nationalities. (Be sure to give the appropriate form of the adjective.)

▶ Madame Li habite à Hong Kong.   Elle <u>est chinoise</u>.

1. Anne et Marie habitent à Québec.   Elles _____.
2. Madame Suárez habite à Mexico.   Elle _____.
3. Mon cousin habite à Zurich.   Il _____.
4. Silvia et Maria habitent à Rome.   Elles _____.
5. Peter et Jim habitent à Liverpool.   Ils _____.
6. M. et Mme Sato habitent à Kyoto.   Ils _____.
7. Delphine et Julie habitent à Paris.   Elles _____.
8. John et Mike habitent à Boston.   Ils _____.

Nom _____

Classe _____ Date _____

C 5. Les voisins

Sandrine is talking about her neighbors. Write what she says using the words in parentheses. Follow the model.

▶ (fille / amusant)   Catherine _est une fille amusante_.

1. (garçon / timide)   Charles _____.
2. (amie / gentil)   Véronique _____.
3. (homme / sympathique)   M. Dupont _____.
4. (femme / intelligent)   Mme Bérard _____.

A/B/C 6. Commérages (Gossip)

Jean-Paul likes to talk about other people. Write what he says, using the suggested words.

▶ Philippe / avoir / amie / japonais
    Philippe a une amie japonaise.

1. Frédéric / inviter / fille / anglais
_____

2. Jacques et Olivier / dîner avec / amies / canadien
_____

3. Bernard / téléphoner à / copine / mexicain
_____

4. Le professeur / avoir / élèves / bête
_____

5. Jean-Pierre / avoir / livres / intéressant
_____

Nom _____

Classe _____ Date _____

7. Communication

Write a short letter in French in which you describe yourself and two of your best friends.

Nom _____

Classe _____ Date _____

LEÇON 12 La voiture de Roger

LISTENING ACTIVITIES

Section 1. Les couleurs

A. Écoutez et répétez.

rouge / rouge   rose / rose   jaune / jaune
noir / noire   bleu / bleue   gris / grise
blanc / blanche   vert / verte
marron / marron   orange / orange

B. Questions et réponses

▶ —Est-ce que tu préfères la voiture rouge ou la voiture grise?
—**Je préfère la voiture rouge.**
  (**Je préfère la voiture grise.**)

▶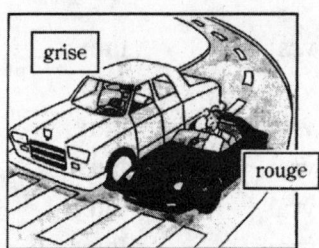

  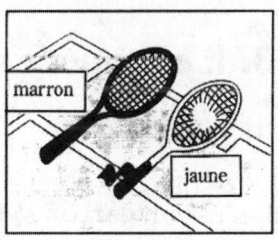

1.   2.   3.

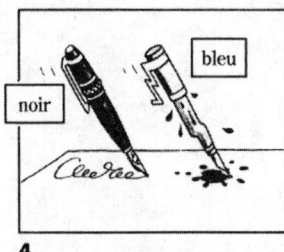  

4.   5.   6.

Discovering French, Nouveau! Bleu

Unité 4, Leçon 12
Workbook

Section 2. La description

C. Parlez.

Modèle: une lampe / jolie

Voici une lampe.
C'est une jolie lampe.

1. un vélo / beau
2. un cahier / petit
3. une voiture / belle
4. un chien / joli
5. un CD / bon
6. un livre / mauvais
7. une pizza / grande
8. un chat / petit

D. Compréhension orale

1. C'est la voiture de Jean-Claude.   vrai   faux
2. C'est une Renault.   vrai   faux
3. Elle marches très bien.   vrai   faux
4. Elle n'est pas rapide.   vrai   faux
5. Elle fait du 160 à l'heure *(160 kilometers per hour)*.   vrai   faux
6. Jean-Claude a son permis *(driver's license)*.   vrai   faux

Section 3. Il est ou c'est?

E. Questions et réponses

Modèle: François / un garçon
Oui, c'est un garçon sympathique.

1. Stéphanie / une copine
2. Marc / un garçon
3. Isabelle / une fille
4. Monsieur Dumas / un prof
5. Teresa / une amie
6. Antoine / un copain

Section 4. Dictée

F. Écoutez et écrivez.

—Ta mère a une _____?

—Oui, elle a une _____ voiture.

—_____ une voiture _____?

—Non, _____ est rouge et _____.

Nom _____

Classe _____ Date _____

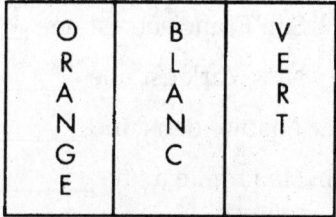

WRITING ACTIVITIES

A 1. Drapeaux de pays francophones
(Flags of French-speaking countries)

Color the flags according to the instructions.

| B L E U | B L A N C | R O U G E |

France

| N O I R | J A U N E | R O U G E |

Belgique

| O R A N G E | B L A N C | V E R T |

Côte d'Ivoire

2. De quelle couleur?

Describe the colors of the following items. (Use your imagination, if necessary.)

▶ Mon jean est *bleu* _____.

1. Mon tee-shirt est _____.
2. Mon crayon est _____.
3. Ma chambre est _____.
4. Ma bicyclette est _____.
5. Mon chien est _____.
6. La voiture de ma famille est _____.

Nom _____

Classe _____ Date _____

B 3. Descriptions

Complete the following descriptions by writing in the appropriate form of one of the adjectives from the box.

| bon | mauvais | grand | beau | petit |

▶ San Francisco est une __belle (grande)__ ville *(city)*.

1. New York est une _____ ville.
2. J'habite dans une _____ ville.
3. Ma famille a une _____ voiture.
4. J'ai une _____ chambre.
5. Les Red Sox sont une _____ équipe *(team)*.
6. Les Cowboys sont une _____ équipe.
7. Le président est un _____ président.

4. Le Rallye cycliste

A group of friends is bicycling together. Each one has a different bicycle. Describe the bicycles using the suggested adjectives.

▶ Éric a __un vélo anglais__. (anglais)
▶ Isabelle a __un grand vélo__. (grand)
1. Philippe a _____. (italien)
2. Thomas a _____. (rouge)
3. Claire a _____. (petit)
4. Hélène a _____. (vert)
5. Marc a _____. (joli)
6. Laure a _____. (japonais)

Nom _____

Classe _____ Date _____

C 5. Panne sèche *(Out of ink)*

Nathalie had planned to stress certain words by writing them in red ink. She realized—too late—that her red pen had dried up. Complete her assignment by filling in the missing words: **c'est, il est,** or **elle est**.

1. Voici Jean-Pierre.

   _____ un copain.

   _____ canadien.

   _____ un garçon sympathique.

2. Voici Madame Leblanc.

   _____ une voisine.

   _____ une personne intéressante.

   _____ très intelligente.

3. Regarde la voiture là-bas.

   _____ une voiture française.

   _____ une Renault.

   _____ petite et rapide.

4. J'ai un scooter.

   _____ rouge.

   _____ italien.

   _____ un bon scooter.

D 6. Opinions personnelles

Here is a list of activities. Choose three activities you like and one activity you do not like. Explain why, using adjectives from the box.

Activités:
- danser
- chanter
- nager
- jouer au foot
- jouer au basket
- voyager
- visiter les musées
- organiser des boums
- inviter des copains
- étudier
- parler français
- travailler à la maison

chouette	pénible
super	facile
génial	difficile
drôle	

▶ J'aime organiser les boums. C'est chouette!

▶ Je n'aime pas visiter les musées. C'est pénible.

1. _____
2. _____
3. _____
4. _____

7. Communication: La voiture familiale *(The family car)*

Write a short description of your family car—or the car of someone you know. You may want to answer the following questions—in French, of course!

- Is it an American car? _____
  (if not, what is it?) _____
- What color is it? _____
- Is it large or small? _____
- Is it a good car? _____

Nom _____

Classe _____ Date _____

UNITÉ 4 Reading and Culture Activities

A. En France

1. You would go to this place if you had a problem with your . . .
   ❑ bicycle
   ❑ watch
   ❑ car
   ❑ computer

2. This is an ad for . . .
   ❑ a book
   ❑ a CD
   ❑ a concert
   ❑ a TV program

3. According to this ad, which of the following items could you buy at this store?
   ❑ a stereo set
   ❑ a cell phone
   ❑ a computer
   ❑ a movie camera

Nom _____

Classe _____ Date _____

30 chambres plein centre ville, à 100 m de la gare et du lac

T.V. - Téléphone
Insonorisation

Wir sprechen Deutsch
We speak English

PARMELAN
Annecy coup de cœur

41, av. Romains
74000 ANNECY
Tel. 04 50 57 14 89

4. The following ad was placed by Parmelan, which is the name of . . .
   ❑ a hotel
   ❑ a travel agency
   ❑ a phone company
   ❑ a TV store

L'ORDINATEUR INDIVIDUEL

le magazine de l'informatique pour tous

5. You would buy this magazine if you were interested in . . .
   ❑ music
   ❑ photography
   ❑ history
   ❑ computers

LIBRAIRIE • PAPETERIE
GIBERT JOSEPH

achat vente 4000 M² à **PARIS** *new occasion*

LIBRAIRIE UNIVERSITAIRE ET GENERALE
LIVRES
26, BOULEVARD Saint-Michel
LIBRAIRIE SCOLAIRE
SERVICE ACHAT OCCASION
5, rue Racine
PAPETERIE
30, BOULEVARD Saint-Michel

6. According to the ad, this would be the place to go if you wanted to buy . . .
   ❑ used books
   ❑ secondhand computers
   ❑ stereo equipment
   ❑ old clothes

Nom _____

Classe _____ Date _____

B. Articles à vendre

You are in France and have gone to the local supermarket. There, on the board, you see the following announcements for items for sale.

```
OCCASION EXCEPTIONNELLE
           vends
Appareil-photo OLYMPUS AM 100
     avec Flash intégré
        Prix: 50€
Téléphoner à Sophie Lebihan
       01.49.22.61.32
```

- What is Sophie selling? _____
  What price is she asking? _____
- How can you reach her? _____

```
À VENDRE
Vélo tout terrain
10 vitesses
Excellente condition
Prix: à débattre
Téléphoner à Didier Muller
entre 16 heures et 19 heures
03. 88. 22. 61. 32
```

- What is Didier selling? _____
  What price is he asking? _____
- When can you reach him? _____

Nom _____

Classe _____ Date _____

C. Le Club des correspondants

You have been looking at a French youth magazine and noticed the following requests for pen pals.

Le Club des correspondants

Garçon français,
16 ans, brun, yeux bleus, sympathique mais un peu timide, voudrait correspondre avec Américaine ou Anglaise parlant le français. Aime le sport, le ciné et la moto. Joindre photo. Réponse assurée.
  Olivier Lambesq
  25, place Gambetta
  24100 Bergerac

Jeune Française,
15 ans, sportive (tennis, basket, ski) désire correspondre avec étudiants américains ou anglais du même âge pour échanger posters et CD de rock et de rap.
Écrire à:
  Dominique Loiseau
  32, rue du Dragon
  75006 Paris

J'aime la danse,
le cinéma et la musique. J'ai 16 ans et je suis française. Je voudrais correspondre avec fille ou garçon de mon âge, de préférence porto-ricain ou mexicain, pour échanger CD de musique latine ou de guitare espagnole.
  Carole Gaune
  45, boulevard de la Mer
  76200 Dieppe, France

Jeune Américain,
16 ans, voudrait correspondre avec jeunes Français du même âge parlant l'anglais. Aime le ciné, la musique classique et la moto. Joindre photo. Réponse assurée.
  Patrick Smith
  1329 Cole Street
  San Francisco, CA 94117

Je m'appelle Julie,
et j'ai douze ans. Je voudrais correspondre avec un garçon canadien de 13 à 15 ans, parlant anglais, pour échanger CD. J'aime le jazz, le rock et le rap.
  Julie Cartier
  25, rue Colbert
  63000 Clermont-Ferrand

Mots croisés

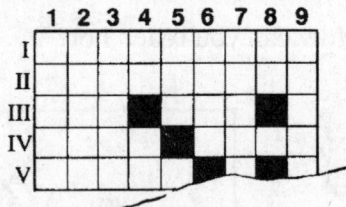

- Which of the young people like music? _____

  Which one does not mention music? _____

- Which ones want to trade things? _____

  What do they want to trade? _____

- Which ones mention sports? _____

- Would you like to correspond with any of these young people?

  Why or why not? _____

Nom _____

Classe _____ Date _____

Unité 5. En ville

LEÇON 13   Le français pratique: La ville et la maison

LISTENING ACTIVITIES

Section 1. La ville

A. Compréhension orale

▶ Dans ma rue, il y a...
  a. ☑ un hôtel
  b. ☑ un magasin
  c. ☐ un café
  d. ☑ un restaurant

1. Dans ma rue, il y a...
   a. ☐ une bibliothèque
   b. ☐ un cinéma
   c. ☐ un magasin
   d. ☐ un supermarché

2. Dans mon quartier, il y a...
   a. ☐ une église
   b. ☐ une école
   c. ☐ un hôpital
   d. ☐ un café

3. Dans ma ville, il y a...
   a. ☐ une bibliothèque
   b. ☐ une église
   c. ☐ un théâtre
   d. ☐ un musée

4. Dans ma ville, il y a aussi...
   a. ☐ un supermarché
   b. ☐ un hôpital
   c. ☐ un centre commercial
   d. ☐ une piscine

5. Il y a aussi...
   a. ☐ un stade
   b. ☐ une plage
   c. ☐ un parc
   d. ☐ un musée

B. Questions et réponses

▶ —Qu'est-ce que c'est?
—C'est un cinéma.

Section 2. Les directions

C. Compréhension orale

Now you will hear several people asking how to get to certain places. Listen carefully to the answers. Select the corresponding completions in your Workbook.

1. Le Café de l'Univers?
   a. ❏ C'est tout droit.
   b. ❏ C'est là-bas à droite.
   c. ❏ C'est là-bas à gauche.

2. Le Grand Hôtel?
   a. ❏ C'est loin.
   b. ❏ Ce n'est pas très loin.
   c. ❏ C'est à côté *(next door)*.

3. Un restaurant?
   a. ❏ Là-bas, vous tournez à gauche.
   b. ❏ Là-bas, vous tournez à droite.
   c. ❏ Là-bas, vous allez tout droit.

4. La cathédrale?
   a. ❏ Vous continuez tout droit.
   b. ❏ Vous tournez à droite et vous continuez tout droit.
   c. ❏ Vous tournez à gauche et vous continuez tout droit.

Nom _____

Classe _____ Date _____

D. Écoutez et répétez.

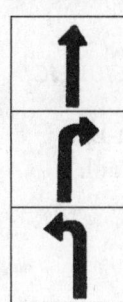 C'est tout droit.

C'est à droite.

C'est à gauche.

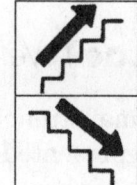 C'est en haut.

C'est en bas.

Section 3. La maison

E. Compréhension orale

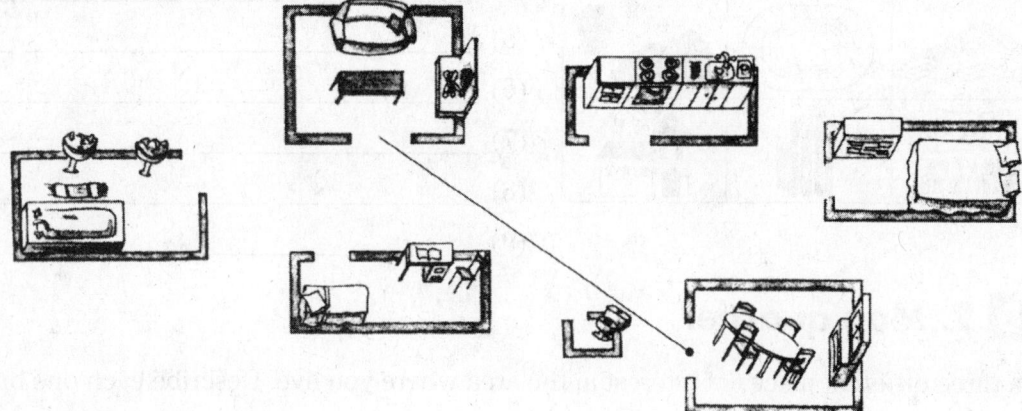

F. Questions et réponses

Modèle: —Où est la cuisine?
—C'est à droite.

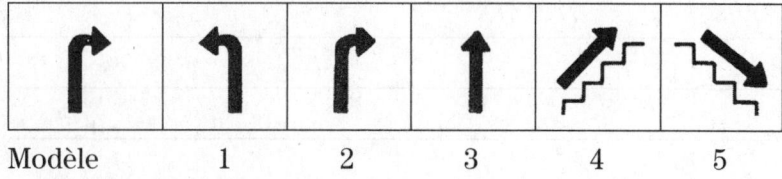

Modèle   1   2   3   4   5

Section 4. Dictée

G. Écoutez et écrivez.

—Pardon, mademoiselle, où est _____ des Anglais?

—Il est dans la _____ de la République.

—C'est _____?

—Non, vous tournez à _____ et vous continuez tout _____.

—Merci.

Nom _____

Classe _____ Date _____

WRITING ACTIVITIES

A/B 1. Bienvenue à Bellerive-du-Lac *(Welcome to Bellerive-du-Lac)*

Imagine that you are spending your vacation in the small French town of Bellerive-du-Lac. The various facilities that the town has to offer are represented on an information panel. List as many of these facilities as you can.

À Bellerive, il y a . . .

(1) _____
(2) _____
(3) _____
(4) _____
(5) _____
(6) _____
(7) _____
(8) _____
(9) _____

A/B 2. Mon quartier

Name three different places of interest in the area where you live. Describe each one briefly.

▶ Dans mon quartier, il y a un restaurant français. Il s'appelle Chez Tante Louise. C'est un assez bon restaurant.

1. _____
2. _____
3. _____

C/D 3. Où est-ce?

Imagine that you are living in a French town. Someone is asking you for directions. Help the person out, according to the suggestions.

▶ —Pardon, où est l'hôtel Beau-Rivage?
—C'est _tout droit_.

1. —S'il vous plaît, où est l'hôpital Velpeau?
—C'est _____.

2. —Excusez-moi, où est la bibliothèque municipale?
—C'est _____.

3. —Pardon, où sont les toilettes?
—C'est _____.

4. —S'il vous plaît, où est le garage?
—C'est _____.

D 4. Ma maison

Draw a floor plan of your house or apartment. Label each room. (If you prefer, you can draw the floor plan of your dream house.)

Nom _____

Classe _____ Date _____

LEÇON 14 Week-end à Paris

LISTENING ACTIVITIES

Section 1. Je vais à . . .

A. Écoutez et répétez.

1. Je vais en classe.
2. Tu vas au café.
3. Il va au cinéma.
4. Nous allons à une boum.
5. Vous allez à Paris.
6. Ils vont en France.

Section 2. Où vont-ils?

B. Compréhension orale

a. ____ au stade
b. ____ au café
c. _1_ à l'école
d. ____ au musée
e. ____ au centre commercial
f. ____ au restaurant
g. ____ au lycée
h. ____ au supermarché

C. Compréhension orale

a. ____ la bibliothèque
b. ____ l'hôtel
c. ____ la piscine
d. ____ le cinéma

D. Questions et réponses

▶ —Est-ce qu'il va au restaurant ou au stade?
—Il va au restaurant.

E. Questions et réponses

Modèle: le cinéma —Où vas-tu?
—**Je vais au cinéma.**

1. le supermarché
2. la piscine
3. le café
4. la bibliothèque
5. l'école

Section 3. Qu'est-ce que vous allez faire?

F. Compréhension orale

a. _____   b. _____   c. _____   d. *1*   e. _____

   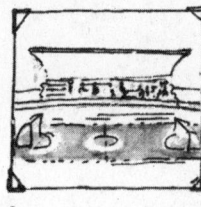

f. _____   g. _____   h. _____   i. _____

G. Questions et réponses

Modèle: dîner — Tu vas au restaurant?
— Oui, je vais dîner.

1. nager
2. étudier
3. jouer au foot
4. faire une promenade
5. danser
6. jouer aux jeux vidéo

Section 4. Conversations

H. La réponse logique

1. a. Oui, j'ai faim.
   b. À sept heures.
   c. Chez un copain.

2. a. En bus.
   b. À huit heures.
   c. Je vais au restaurant.

3. a. À pied.
   b. Oui, je vais nager.
   c. Oui, je fais une promenade.

4. a. Je vais à une boum.
   b. Je fais une omelette.
   c. Oui, d'accord!

5. a. Oui, je vais au concert.
   b. Oui, je vais étudier.
   c. Oui, je vais au cinéma avec un ami.

6. a. Oui, je vais à une soirée.
   b. Oui, je vais regarder la télé.
   c. Oui, je fais une promenade.

Section 5. Dictée

I. Écoutez et écrivez.

—Vous _____ à la maison aujourd'hui?

—Non, nous _____ en ville. Moi, je _____ aller au cinéma.

—Et ton frère?

—Il a un _____ avec une copine. Ils _____ faire une promenade _____ dans le parc municipal.

Nom _____

Classe _____ Date _____

WRITING ACTIVITIES

A 1. La tour Eiffel

Fit the six forms of **aller** into the Eiffel Tower. Then fill in the blanks to the left with the corresponding subject pronouns.

1. _____
2. _____
3. _____
4. _____
5. _____
6. _____

A/B 2. Le week-end

On weekends, people go to different places. Read what the following people like to do. Then say where each one is going by choosing an appropriate place from the list. Use the appropriate forms of **aller à**.

| piscine | restaurant | cinéma | musée | stade |
| plage | bibliothèque | concert | centre commercial | |

▶ Caroline aime nager. *Elle va à la piscine.*

1. Philippe et Jean-Louis aiment jouer au football. _____
2. Mademoiselle Bellamy aime l'art moderne. _____
3. Brigitte aime les westerns. _____
4. Paul et Marc aiment la musique. _____
5. J'aime regarder les magazines français. _____
6. Tu aimes dîner en ville. _____
7. Nous aimons nager. _____
8. Vous aimez le shopping. _____

Discovering French, Nouveau! Bleu

Unité 5, Leçon 14
Workbook
127

Nom _____

Classe _____ Date _____

B 3. Qu'est-ce qu'ils font?

Describe what the following people are doing. Use the suggested words to form complete sentences.

▶ Jacqueline / parler à / le garçon français
Jacqueline parle au garçon français.

1. Marc / parler à / le professeur
_____

2. Le professeur / parler à / les élèves
_____

3. Le guide / parler à / les touristes
_____

4. Nathalie / téléphoner à / le garçon canadien
_____

5. Hélène / téléphoner à / l'étudiant français
_____

6. Jean-Pierre / être à / le cinéma
_____

7. Juliette / étudier à / la bibliothèque
_____

8. Le taxi / arriver à / l'aéroport
_____

Nom _____

Classe _____ Date _____

C 4. Les voisins de Mélanie

Mélanie is selling tickets to the school fair and hopes her neighbors will buy some. Indicate that Mélanie is visiting the houses in the illustration. Use the expression **chez**.

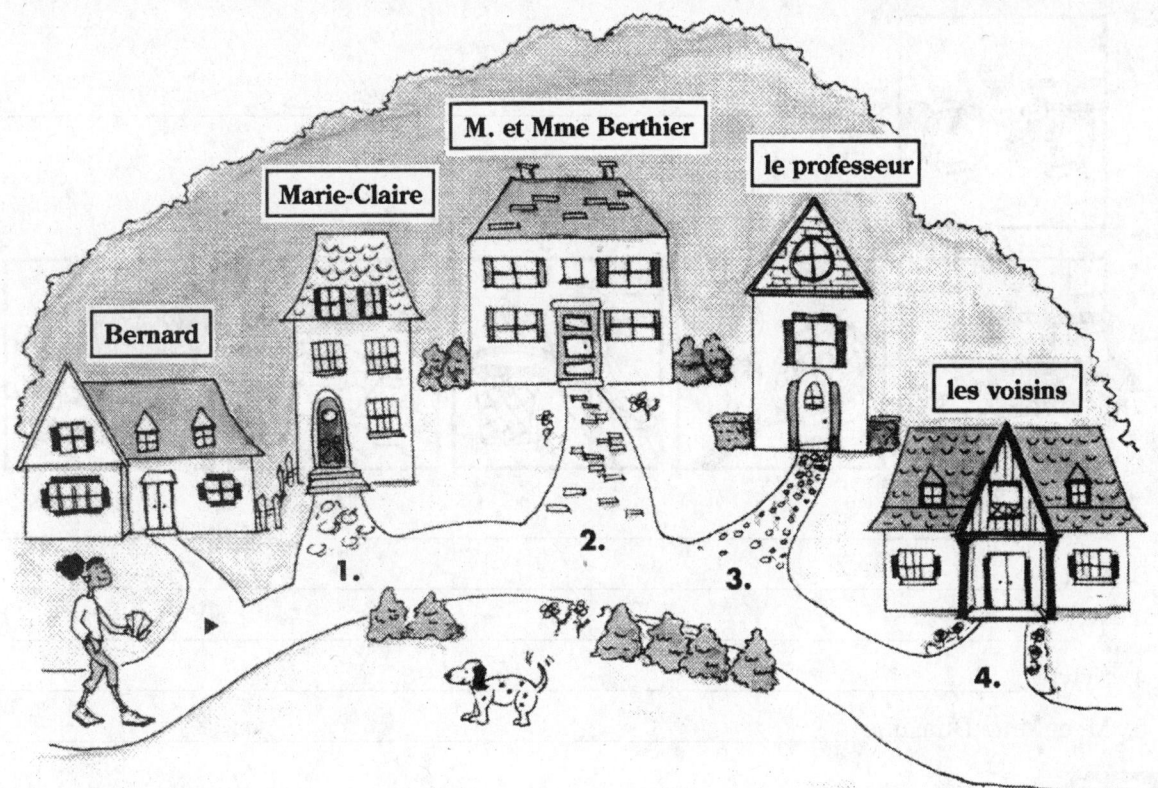

▶ Mélanie va chez Bernard _____.

1. Elle va _____.
2. Elle va _____.
3. Elle va _____.
4. Elle va _____.

Nom _____

Classe _____ Date _____

D 5. Qu'est-ce qu'ils vont faire?

The following people are going out. Describe what each one is going to do, using the construction **aller** + infinitive.

▶ Je vais faire une promenade à vélo _____.

1. Nous _____.
2. Vous _____.
3. Tu _____.
4. Sylvie _____.
5. M. et Mme Dumaine _____.

6. Communication: Le week-end

Write a short paragraph about your weekend plans. Describe four things that you are going to do and two things you are not going to do.

OUI!
- _____
- _____
- _____
- _____

NON!
- _____
- _____

LEÇON 15 Au Café de l'Univers

LISTENING ACTIVITIES

Section 1. Je viens de . . .

A. Écoutez et répétez.

1. Je viens du café.
2. Tu viens du cinéma.
3. Elle vient de la plage.
4. Nous venons de la piscine.
5. Vous venez du supermarché.
6. Elles viennent du musée.

B. Questions et réponses

Modèle: —Tu vas au café?
—Non, je viens du café.

Section 2. Les sports et la musique

C. Compréhension orale

a   b   c   d   e   f   g   h   i   j

D. Questions et réponses

▶ —Est-ce que Paul joue au tennis ou au ping-pong?
—**Il joue au ping-pong.**

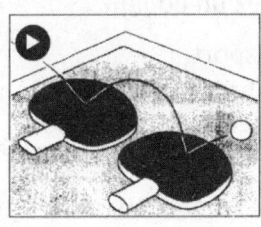  

  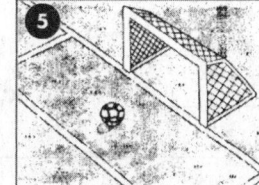

Nom _____

Classe _____ Date _____

Discovering FRENCH Nouveau!
BLEU

Section 3. Les pronoms accentués

E. Écoutez et répétez.

Moi, je suis chez moi.   Nous, nous dînons chez nous.
Toi, tu restes chez toi.   Vous, vous mangez chez vous.
Lui, il étudie chez lui.   Eux, ils regardent la télé chez eux.
Elle, elle travaille chez elle. Elles, elles mangent une pizza chez elles.

F. Parlez.

Modèle: Toi   **Tu vas chez toi.**
          Jean-Paul **Jean-Paul va chez lui.**

1. Stéphanie   5. Alice et Véronique
2. Nicolas   6. Pierre et François
3. Vous   7. Moi
4. Nous   8. Mon cousin

Section 4. Conversations

G. La réponse logique

1. a. À pied.
   b. Au café.
   c. Du cinéma.

2. a. En ville.
   b. Du musée.
   c. À la bibliothèque.

3. a. J'ai une voiture de sport.
   b. Je joue aux cartes.
   c. C'est le foot.

4. a. Oui, j'aime la musique.
   b. Oui, je joue de la clarinette.
   c. Oui, je joue au baseball.

5. a. Non, mais je joue aux échecs.
   b. Oui, je joue du piano.
   c. Non, je n'aime pas la musique.

6. a. Oui, il est chez lui.
   b. Oui, il est chez moi.
   c. Oui, il est chez elle.

7. a. Oui, je vais chez moi.
   b. Oui, je suis chez moi.
   c. Oui, je vais chez un copain.

8. a. Oui, il aime le sport.
   b. Oui, il joue au foot.
   c. Oui, il a une Jaguar.

Section 5. Dictée

H. Écoutez et écrivez.

—Est-ce que ton copain est chez _____?

—Non, il _____ _____ cinéma avec son frère.

—À quelle heure est-ce qu'ils _____ _____ cinéma?

—À six heures.

—Et qu'est-ce qu'ils vont _____ après *(afterwards)*?

—Ils rentrent *(are going back)* dîner chez _____.

Nom _____

Classe _____ Date _____

WRITING ACTIVITIES

A 1. La boum de Catherine

Catherine is organizing a party. Say who is coming and who is not, using the appropriate forms of **venir**.

▶ Claire a un examen demain.   Elle ne vient pas.

1. Philippe et Antoine aiment les boums. _____
2. Je dois étudier. _____
3. Nous aimons danser. _____
4. Tu acceptes l'invitation. _____
5. Vous n'êtes pas invités. _____
6. Thomas est malade *(sick)*. _____

A/B 2. D'où viennent-ils?

It is dinner time and everyone is going home. Say which places each person is coming from.

▶ Éric vient du cinéma.

1.   2.   3.   4.   5.

1. Nathalie _____.
2. Les élèves _____.
3. Nous _____.
4. Monsieur Loiseau _____.
5. Vous _____.

B 3. À la Maison des Jeunes

La Maison des Jeunes is a place where young people go for all kinds of different activities. Say what the following people are doing, using **jouer à** or **jouer de,** plus the illustrated activity.

▶ Nous _jouons au ping-pong_ _____.

1. Diane _____.
2. Stéphanie et Claire _____.
3. Vous _____.
4. Tu _____.
5. Marc et Antoine _____.
6. Ma cousine _____.

C 4. Conversations

Complete the following mini-dialogues, using stress pronouns to replace the underlined nouns.

▶ —Tu dînes avec <u>Jean-Michel</u>?
—Oui, _je dîne avec lui_ _____.

1. —Tu étudies avec <u>ta copine</u>?
   —Oui, _____.

2. —Tu travailles pour <u>Monsieur Moreau</u>?
   —Oui, _____.

3. —Tu vas chez <u>Vincent et Thomas</u>?
   —Oui, _____.

4. —Tu voyages avec <u>Hélène et Alice</u>?
   —Oui, _____.

Nom _____

Classe _____ Date _____

Unité 5, Leçon 15 Workbook — BLEU

5. L'orage *(The storm)*

Because of the storm, everyone is staying home today. Express this by completing the sentences below with **chez** and the appropriate stress pronoun.

▶ Nous étudions *chez nous* _____.

1. Monsieur Beaumont reste _____.
2. Madame Vasseur travaille _____.
3. Je regarde un DVD _____.
4. Tu joues aux jeux vidéo _____.
5. Vous dînez _____.
6. Vincent et Philippe jouent aux échecs _____.
7. Cécile et Sophie étudient _____.
8. Jean-Paul regarde la télé _____.

D 6. Qu'est-ce que c'est?

Identify the following objects more specifically.

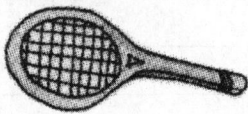

▶ C'est une raquette *de tennis* _____.

1. C'est une raquette _____.

2. C'est un ballon _____.

3. C'est une batte _____.

4. C'est un album _____.

5. C'est un livre _____.

6. C'est un CD _____.

Discovering French, Nouveau! Bleu

Unité 5, Leçon 15 Workbook 135

Nom _____

Classe _____ Date _____

7. Communication

1. **Et vous?**
   Describe your leisure activities.
   Say . . .

   - which sports you play _____.
   - which games you play _____.
   - which instrument(s) you play _____.

2. **Lettre à Jérôme**
   Your friend Jérôme is going to spend Saturday with you.
   Ask him . . .

   - at what time he is coming
   - if he plays tennis
   - if he has a tennis racket
   - if he likes to play chess

   Tell him that you are going to have dinner at your cousins'.

   Ask him . . .

   - if he wants to go to their place too
   - what time he has to go home

Unité 5, Leçon 15
Workbook

Discovering French, Nouveau! Bleu

LEÇON 16 Mes voisins

LISTENING ACTIVITIES

Section 1. La famille

A. Écoutez et répétez.

la famille

les grands-parents	le grand-père	la grand-mère
les parents	le père	la mère
	le mari	la femme
les enfants	un enfant	une enfant
	le frère	la soeur
	le fils	la fille
des parents	l'oncle	la tante
	le cousin	la cousine

B. Compréhension orale

a. _____ la grand-mère d'Olivier
b. _____ la mère d'Olivier
c. _____ la tante Alice
d. _____ le mari de tante Alice
e. _____ l'oncle Édouard
f. _____ le père d'Olivier
g. _____ les cousins d'Olivier
h. _____ Olivier

1.

2.

3.

4.

C. Questions et réponses

▶ —Qui est Éric Vidal?
—C'est le cousin de Frédéric.

Section 2. Les adjectifs possessifs

D. Écoutez et répétez.

mon copain, ma copine, mes amis

ton père, ta soeur, tes parents

son baladeur, sa chaîne hi-fi, ses CD

notre maison, nos voisins

votre école, vos profs

leur tante, leurs cousins

E. Écoutez et parlez.

Modèle: une guitare   **C'est ma guitare.**

un baladeur
une chaîne hi-fi
des livres
un portable
des CD

Modèle: une maison   **C'est notre maison.**

une voiture
un ordinateur
des photos

Nom _____

Classe _____ Date _____

Unité 5, Leçon 16 — Workbook — BLEU

F. Parlez.

Modèle: C'est la voiture de Marc? **Oui, c'est sa voiture.**

Modèle: C'est la maison de tes voisins? **Oui, c'est leur maison.**

G. Compréhension orale

	Modèles	1	2	3	4	5	6	7	8	9	10
A:	✓										
B:		✓									

Section 3. Dictée

H. Écoutez et écrivez.

Modèle: Eh bien, voilà. C'est __ma__ maison.

1. Et ça, c'est la maison des voisins. C'est _____ maison.
2. Ça, c'est _____ voiture. Et ça c'est leur voiture.
3. Voici _____ mobylette.
4. Et voilà la mobylette de mon frère. C'est _____ mobylette.
5. Voici _____ cuisine.
6. Voici _____ chambre.
7. Et voici la chambre de mes parents. C'est _____ chambre.
8. Voici la chambre de ma soeur. C'est _____ chambre.
9. Ah, mais ça, ce n'est pas son baladeur! C'est _____ baladeur.

Nom _____

Classe _____ Date _____

WRITING ACTIVITIES

A 1. La consigne (The check room)

The following objects have been left at the check room, tagged with their owner's names. Identify each item.

▶ C'est la guitare de Stéphanie.

1. _____
2. _____
3. _____
4. _____
5. _____

2. En famille

Look at the family tree and explain the relationships between the following people.

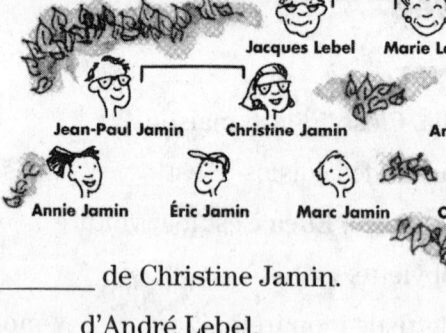

▶ Jean-Paul Jamin est **le mari** de Christine Jamin.

1. Nathalie Lebel est _____ d'André Lebel.
2. Jacques et Marie Lebel sont _____ de Cédric.
3. Marie Lebel est _____ de Christine Jamin.
4. Éric et Marc sont _____ de Christine Jamin.
5. Cédric est _____ d'Éric.
6. Catherine est _____ de Marc.
7. Catherine est _____ d'André et Nathalie Lebel.
8. Jean-Paul Jamin est _____ de Cédric et de Catherine.
9. Nathalie Lebel est _____ d'Annie Jamin.

Unité 5, Leçon 16
Workbook

Discovering French, Nouveau! Bleu

Nom _____

Classe _____ Date _____

Unité 5, Leçon 16 Workbook

Discovering French Nouveau! BLEU

B 3. En vacances

The following people are spending their vacations with friends or family. Complete the sentences below with **son, sa,** or **ses,** as appropriate.

1. Guillaume voyage avec _____ soeur et _____ parents.
2. Juliette visite Paris avec _____ frère et _____ cousines.
3. Paul va chez _____ ami Alain.
4. Sandrine est chez _____ amie Sophie.
5. En juillet, Jean-Paul va chez _____ grands-parents.

   En août, il va chez _____ tante Marthe. En septembre,

   il va chez _____ amis anglais.
6. Hélène va chez _____ grand-père. Après (*afterwards*), elle

   va chez _____ oncle François.

B/C 4. Pourquoi pas?

The following people are not engaged in certain activities because they do not have certain things. Complete the sentences with **son, sa, ses, leur,** or **leurs** and an appropriate object from the box. Be logical.

radio	**voiture**	*ordinateur*	**mobylette**
stylos	**raquettes**	**livres**	portable

▶ Isabelle et Cécile n'étudient pas. Elles n'ont pas _leurs livres_____.

1. Pierre et Julien ne jouent pas au tennis. Ils n'ont pas _____.
2. Philippe ne va pas en ville. Il n'a pas _____.
3. Alice et Claire n'écoutent pas le concert. Elles n'ont pas _____.
4. Madame Imbert ne travaille pas. Elle n'a pas _____.
5. Mes parents ne voyagent pas. Ils n'ont pas _____.
6. Les élèves n'écrivent pas (*are not writing*). Ils n'ont pas _____.
7. Élodie ne téléphone pas. Elle n'a pas _____.

5. Le week-end

On weekends we like to do things with our friends and relatives. Complete the sentences below with the appropriate possessive adjectives.

▶ Nous faisons une promenade en voiture avec __nos__ parents.

1. Isabelle et Francine vont au cinéma avec _____ cousins.
2. Je joue au tennis avec _____ copains.
3. Tu dînes chez _____ oncle.
4. Philippe et Marc vont au restaurant avec _____ copines.
5. Hélène fait une promenade à vélo avec _____ frère.
6. Nous téléphonons à _____ grand-mère.
7. Vous allez au musée avec _____ oncle.
8. Nous jouons aux cartes avec _____ amis.
9. Vous visitez un musée avec _____ soeur.

D 6. La course cycliste

Say how the following people finished the bicycle race.

Jean-Paul   Nicolas Philippe   Hélène Thomas
    Claire   Stéphanie   Marc

▶ Nicolas __est sixième__.

1. Philippe _____.
2. Claire _____.
3. Marc _____.
4. Hélène _____.
5. Jean-Paul _____.
6. Thomas _____.
7. Stéphanie _____.

Nom _____

Classe _____ Date _____

BLEU

7. Communication: La famille de mes amis

Think of two of your friends. For each one, write four sentences describing his/her family. (If you wish, you can describe the families of imaginary friends.)

▶ Mon copain s'appelle **Tom**.
Sa soeur s'appelle Wendy.
Son père travaille dans un magasin.
Sa mère travaille dans un hôpital.
Ses cousins habitent à Cincinnati.

• Mon copain s'appelle _____.

_____
_____
_____
_____

• Ma copine s'appelle _____.

_____
_____
_____
_____

UNITÉ 5 Reading and Culture Activities

A. En voyage

1. This ad is for ...
   - ❑ a vacation condo for sale
   - ❑ a house for sale
   - ❑ a house for rent
   - ❑ a small hotel

Auberge pasta PIERRE

Cette belle d'autrefois au coeur du village de Rawdon!

Salle à manger de 132 places
22 chambres, piscine extérieure
Bar, discothèque, terrasse
Grand salon avec foyer
Forfaits 4 saisons

3663, rue Queen, Rawdon
J0K 1S0, (514) 834-5417

2. This concert is going to be held ...
   - ❑ in a subway station
   - ❑ in a school
   - ❑ in a concert hall
   - ❑ in a church

EGLISE de la MADELEINE
Place et métro Madeleine

Jeudi 29 novembre à 20h 30

MOZART
Concerto pour Clarinette en La M.
REQUIEM

Monique POURADIER DUTEIL, soprano
Sylvie OUSSENKO, mezzo-soprano
Francis BARDOT, ténor
Thierry de GROMARD, basse
Marie-Cécile COURCIER, clarinette
Chœurs de Montmorency
(chef des chœurs : Philippe BRANDEIS)
SINFONIETTA de PARIS
direction : Dominique FANAL

Nom _____

Classe _____ Date _____

3. An attraction of this hotel is that it is located
   ❑ downtown
   ❑ near a beach
   ❑ near an airport
   ❑ near an amusement park

4. You would go to this place …
   ❑ to buy CDs
   ❑ to read books
   ❑ to listen to music
   ❑ to consult bus schedules

5. This map shows you how to get …
   ❑ to the downtown area
   ❑ to a large shopping mall
   ❑ to a hockey rink
   ❑ to a racetrack

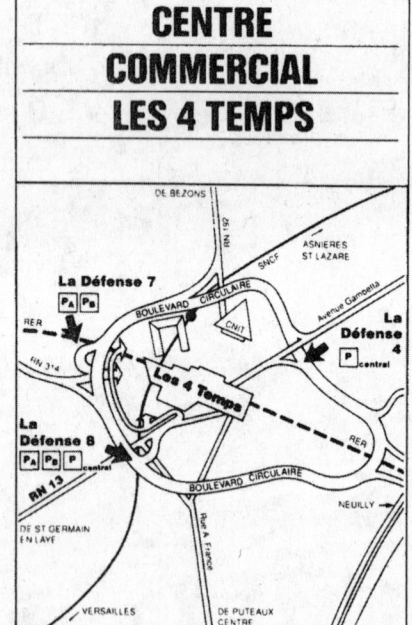

Nom _____

Classe _____ Date _____

BLEU

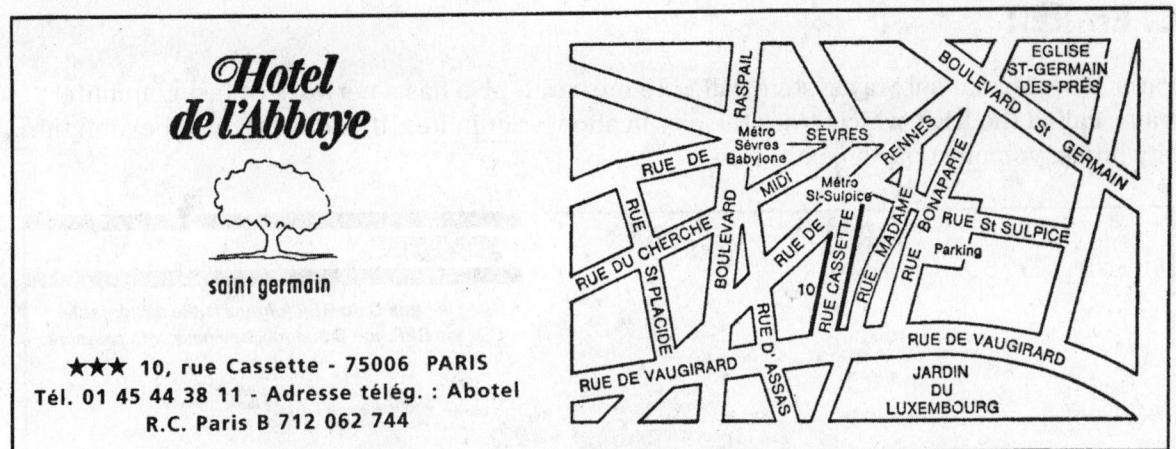

B. À l'hôtel de l'Abbaye

1. You are visiting France with your family and are looking for a hotel.

   - What is the name of the hotel shown on the card? _____
   - In which city is it located? _____
   - On which street? _____
   - If you wanted to make a reservation, which number would you call? _____

2. You have just made your reservation.

   - Check the address of the hotel and find its location on the map. Mark the location with an "X."
   - You and your family are planning to rent a car while in France. On the map, find and circle the nearest parking garage.
   - Paris has a convenient subway system: **le métro.**

     How many subway stations are shown on the map? _____

     What is the name of the subway station closest to the hotel? _____

   - The map shows one of the oldest churches in Paris. (It was built in the 12th century.) Find this church and draw a circle around it.

     What is its name? _____

     On which street is it located? _____

   - The map also shows a large public garden where many people go jogging.

     What is the name of the garden? _____

     On which street is it located? _____

Discovering French, Nouveau! Bleu

Unité 5
Workbook Reading and Culture Activities 147

Nom _____

Classe _____ Date _____

C. En RER

Paris has a regular subway system called **le métro.** It also has a network of fast commuter trains called the **RER** which cross the city in about 12 minutes. If you want to go beyond the city limits, you must pay an extra fare.

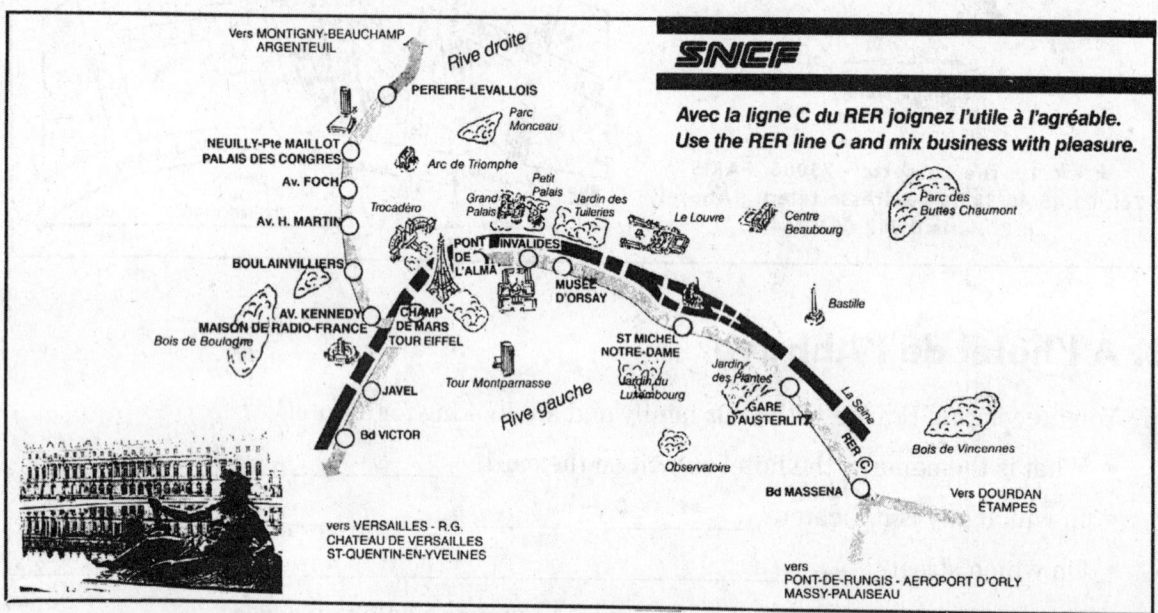

This map shows the C-line of the RER. Many famous monuments and places of interest are located along this line.

1. Look at the map and find at which stop you would get off to visit each of the following places.

   La Tour Eiffel _____

   La Cathédrale Notre-Dame _____

   Le Grand Palais (un musée) _____

   Le Jardin des Tuileries _____

   Le Musée d'Orsay _____

   Le Palais des Congrès _____

   Le Louvre _____

2. You can also use the C-line to get to places outside of Paris.

   Which airport can you reach with this train? _____

   Which famous historical château can you visit? _____

Nom _____

Classe _____ Date _____

Unité 6. Le shopping

LEÇON 17   Le français pratique: L'achat des vêtements

LISTENING ACTIVITIES

Section 1. Les vêtements et les accessoires

A. Écoutez et répétez.

B. Compréhension orale

a. ___

b. ___

c. ___

d. ___

e. ___

f. ___

g. ___

h. 1

i. ___

j. ___

k. ___

l. ___

m. ___

n. ___

o. ___

p. ___

Discovering French, Nouveau! Bleu

Unité 6, Leçon 17 — Workbook

C. Questions et réponses

▶ Vous désirez?
  Je cherche un tee-shirt.

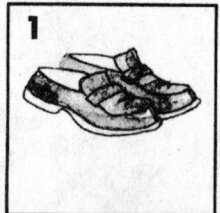    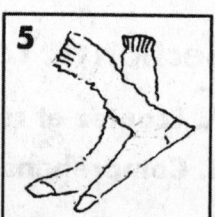

1   2   3   4   5

D. Compréhension orale

a. _____   b. _____   c. _____

Section 2. Les nombres de 100 à 1000

E. Écoutez et répétez.

100	200	500	800
101	300	600	900
102	400	700	1000

F. Questions et réponses

▶ —Combien coûte la veste?
—Elle coûte 100 euros.

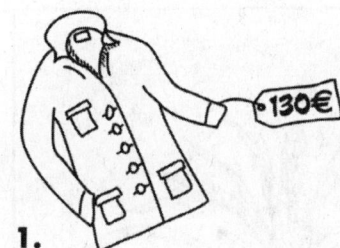

1.

2.

3.

Section 3. Conversations

G. La réponse logique

1. a. J'ai une veste bleue.
   b. Je porte des bottes.
   c. Je cherche un imperméable.

2. a. Un blouson.
   b. Une boutique.
   c. Un grand magasin.

3. a. Un imper.
   b. Des bottes.
   c. Mon maillot de bain.

4. a. Il est trop grand.
   b. Il est démodé.
   c. 160 euros.

5. a. Oui, il est marron.
   b. Oui, il est très joli.
   c. Non, il est grand.

6. a. Non, elle est bon marché.
   b. Non, il est démodé.
   c. Non, il est trop petit.

Section 4. Dictée

H. Écoutez et écrivez.

—Qu'est-ce que tu penses du _____ rouge ?

—Il est _____.

—Combien est-ce qu'il _____ ?

—_____ euros.

—Oh là là ! Il n'est pas _____ !

Nom _____

Classe _____ Date _____

Discovering FRENCH Nouveau!
BLEU

WRITING ACTIVITIES

A/B **1. Une affiche de mode** *(A fashion poster)*

You are working in the ad department of a fashion designer. Complete the poster below with the names of the articles of clothing.

Unité 6, Leçon 17
Workbook

Discovering French, Nouveau! Bleu

Nom _____

Classe _____ Date _____

Unité 6, Leçon 17, Workbook

2. Qu'est-ce que vous portez?

Describe in detail what you are wearing. Give the colors of each item of clothing. Then select two other people (one male and one female) and describe their clothes in the same manner.

▶ Aujourd'hui, je porte une chemise verte et jaune, un pantalon noir, . . .

1. Aujourd'hui, je porte _____
   _____

2. _____ porte _____
   _____

3. _____ porte _____
   _____

Nom _____

Classe _____ Date _____

3. Les valises (Suitcases)

Imagine you are planning for four trips. Make a list of at least four items of clothing that you will pack in each of the following suitcases.

1. un week-end à la plage

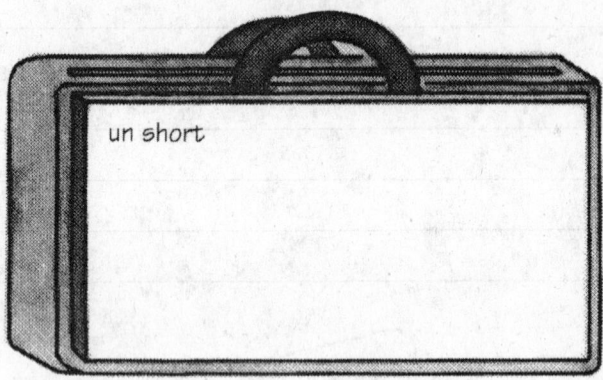
un short

2. un week-end de ski

3. un mariage élégant

4. une semaine à Québec

4. Conversations : Dans un magasin

Complete the dialogues on the basis of the illustrations. Use expressions from page 262 of your student text.

1.
—Vous _____ monsieur ?
—Je _____.

2.
—Pardon, mademoiselle.
Combien _____ ?
—_____ euros.

3.
—S'il vous plaît, madame, _____
_____ ?
—_____.

4.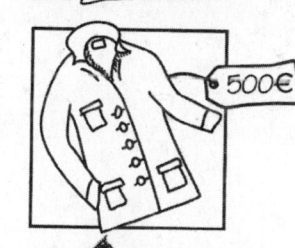
—Est-ce que le manteau est _____ ?
Oh là là, non. Il est très _____.
Il coûte _____ euros.

5.
—Qu'est-ce que tu penses de ma _____ ?
—Elle est trop _____.

6.
—Comment _____
_____ ?
—Il est trop _____.

LEÇON 18 Rien n'est parfait!

LISTENING ACTIVITIES

Section 1. Acheter et préférer

A. Écoutez et répétez.

J'achète une veste. #
Tu achètes une cravate. #
Il achète un imper. #
Nous achetons un jean. #
Vous achetez un chemisier. #
Elles achètent un pull. #

Je préfère la veste bleue. #
Tu préfères la cravate jaune. #
Il préfère l'imper gris. #
Nous préférons le jean noir. #
Vous préférez le chemisier blanc. #
Elles préfèrent le pull rouge. #

Section 2. Ce et quel

B. Écoutez et répétez.

  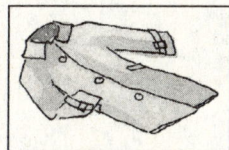  

le blouson   la veste   l'imper   les chaussures   les affiches

C. Écoutez et parlez.

Modèle: une casquette
   Regarde cette casquette.

1. un pull
2. une guitare
3. des vestes
4. un vélo
5. des tee-shirts
6. des lunettes
7. un ordinateur
8. des appareils-photo

Unité 6, Leçon 18

D. Écoutez et parlez.

Modèle: Je vais acheter une veste.
        Quelle veste?

Section 3. Conversations

E. La réponse logique

1. a. Oui, il est génial.
   b. Oui, j'ai un tee-shirt.
   c. Oui, je porte une chemise.

2. a. Oui, c'est vrai.
   b. Un jean et un polo.
   c. J'ai une classe de français.

3. a. Ma guitare.
   b. Des CD.
   c. Mon copain Nicolas.

4. a. Des sandwichs.
   b. Ma cousine.
   c. Un survêtement.

5. a. Je n'étudie pas.
   b. Je voudrais aller à la piscine.
   c. Oui, je fais une promenade.

Section 4. Dictée

F. Écoutez et écrivez.

— _____ vêtements est-ce que tu vas _____ pour le pique-nique?

— _____ jean et _____ chemise bleue.

— Et _____ chaussures est-ce que tu vas porter?

— _____ tennis.

Nom _____

Classe _____ Date _____

Unité 6, Leçon 18, Workbook — BLEU — Discovering French Nouveau!

WRITING ACTIVITIES

A 1. Au centre commercial

Friends are shopping. Say what everyone is buying by completing the sentences with the appropriate forms of **acheter**.

1. Nous _____ des vêtements.
2. Claire _____ une ceinture.
3. Vous _____ une casquette.
4. Virginie et Christine _____ des CD.
5. Tu _____ une veste.
6. Marc _____ un survêtement.
7. J'_____ un sweat.
8. Mes copains _____ des chaussures.

2. Une boum

Christine has invited her friends to a party. Some of them are bringing other friends. Others are bringing things for the party. Complete the sentences below with the appropriate forms of **amener** or **apporter**.

1. François _____ des sandwichs.
2. Stéphanie _____ un copain.
3. Nous _____ des CD.
4. Vous _____ vos cousins.
5. Tu _____ ta guitare.
6. Nous _____ des copines.
7. Vous _____ un DVD.
8. Marc et Roger _____ leur soeur.

Nom _____

Classe _____ Date _____

B 3. Dans la rue

Olivier and Béatrice are walking in town. Olivier is pointing out various people and commenting on various things he sees. Complete his questions, as in the model.

▶ Tu connais ces filles _____?

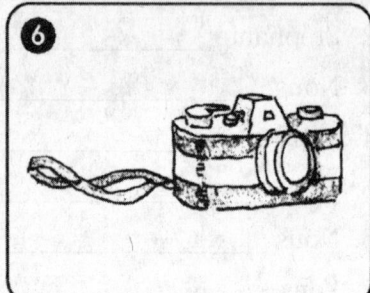

1. Qui sont _____?
2. Regarde _____!
3. Veux-tu aller dans _____?
4. Regarde _____!
5. Comment trouves-tu _____?
6. Combien coûte _____?

Nom _____

Classe _____ Date _____

B/C 4. Conversations

Complete the following mini-dialogues.

▶ —_Quelle_____ cravate préfères-tu?

—Je préfère _cette cravate_____ jaune.

1. —_____ imperméable vas-tu acheter?

   —Je vais acheter _____ beige.

2. —_____ bottes vas-tu mettre?

   —Je vais mettre _____ noires.

3. —_____ blousons préfères-tu?

   —Je préfère _____ bleus.

4. —_____ veste vas-tu porter pour la boum?

   —_____ verte.

D 5. Qu'est-ce qu'ils mettent?

Read what the following people are doing or are going to do. Then complete the second sentence with the verb **mettre** and one of the items in the box. Be logical!

la table	la télé	un maillot de bain
la radio	un survêtement	des vêtements élégants

1. Julien va nager. Il _____.
2. Vous allez dîner. Vous _____.
3. Nous allons écouter le concert. Nous _____.
4. Tu vas regarder le match de foot. Tu _____.
5. Je vais faire du jogging. Je _____.
6. Mes cousins vont à un mariage. Ils _____.

Nom _____

Classe _____ Date _____

6. Communication

Some French friends have invited you to a picnic.

Write a short paragraph saying...

- *what clothes you are going to wear to the picnic*

- *what items you are going to bring to the picnic*

- *whom you are going to bring along*

Nom _____

Classe _____ Date _____

LEÇON 19 Un choix difficile

LISTENING ACTIVITIES

Section 1. Les verbes en -ir

A. Écoutez et répétez.

Je choisis une casquette.
Tu choisis un blouson.
Il choisit une chaîne hi-fi.
Nous choisissons des CD.
Vous choisissez des vêtements.
Ils choisissent une voiture.

Section 2. Les comparaisons

B. Répétez.

plus grand que   Pierre est plus grand que Marc.

moins grand que   Pierre est moins grand que Jacques.

aussi grand que   Pierre est aussi grand que Nicolas.

C. Compréhension orale

Modèle: Sophie   [–]   Mélanie
Sophie est moins grande que Mélanie.

1. la veste   [ ]   le blouson   4. Isabelle   [ ]   Stéphanie
2. les tennis   [ ]   les baskets   5. mon chien   [ ]   mon chat
3. la casquette [ ]   le chapeau   6. mes copains   [ ]   que moi

Discovering French, Nouveau! Bleu

D. Questions et réponses

Modèle: [–]
Est-ce que la chemise est plus chère ou moins chère que le polo?
Elle est moins chère.

1. [+]
2. [=]
3. [–]
4. [+]
5. [=]
6. [–]

Section 3. Conversations

E. La réponse logique

1. a. Mardi.
   b. À dix heures.
   c. Elle ne finit pas.

2. a. Oui, elle est trop longue.
   b. Non, je préfère la veste jaune.
   c. Oui, je porte une veste bleue.

3. a. J'étudie le français.
   b. Je n'étudie pas.
   c. Je veux réussir à l'examen.

4. a. Je veux maigrir.
   b. Je veux grossir.
   c. Je mange une pizza.

Section 4. Dictée

F. Écoutez et écrivez.

—Qu'est-ce que tu _____? Le hamburger ou la salade?

—Je _____ la salade.

—Pourquoi?

—Parce que je veux _____.

—J'espère que tu vas _____.

Nom _____

Classe _____ Date _____

WRITING ACTIVITIES

A 1. Au Bon Marché

The people below are shopping at Le Bon Marché. Say what each one is choosing, using the appropriate form of **choisir**.

1. Tu _____.
2. Vous _____.
3. Je _____.
4. Nous _____.
5. M. Voisin _____.
6. Mme Lamy _____.
7. Isabelle et Marthe _____.

2. Oui ou non?

Read about the following people. Then describe a LOGICAL conclusion by completing the second sentence with the *affirmative* or *negative* form of the verb in parentheses.

▶ Alice fait beaucoup de jogging. Elle ne grossit pas _____. (grossir?)

1. Nous étudions. _____ à l'examen. (réussir?)
2. Vous êtes riches. _____ des vêtements chers. (choisir?)
3. Marc regarde la télé. _____ la leçon. (finir?)
4. Mes cousins mangent beaucoup. _____. (maigrir?)
5. Vous faites beaucoup de sport. _____. (grossir?)
6. Les élèves n'écoutent pas le prof. _____ à l'examen. (réussir?)

Nom _____

Classe _____ Date _____

B 3. Descriptions

Roger is describing certain people and things. Complete each description with the appropriate forms of the underlined adjectives.

1. Isabelle a beaucoup de <u>beaux</u> vêtements.

   Aujourd'hui elle porte une _____ jupe, un _____ chemisier et des _____ chaussures.

   Elle va acheter un _____ imperméable et des _____ pulls.

2. Mes cousins habitent dans une <u>vieille</u> ville.

   Dans cette ville, il y a un très _____ hôtel.

   Il y a aussi des _____ maisons, un _____ musée et des _____ quartiers.

3. Cet été, je vais acheter une <u>nouvelle</u> veste.

   Je vais aussi acheter un _____ maillot de bain, des _____ pantalons et des _____ chemises.

   Si j'ai beaucoup d'argent *(money)*, je vais aussi acheter un _____ appareil-photo.

C 4. Fifi et Nestor

Look at the scene and complete the comparisons, using the adjectives in parentheses.

(grand)	▶ Fifi *est moins grand que* _____ Nestor.
(sympathique)	1. Fifi _____ Nestor.
(méchant)	2. Fifi _____ Nestor.
(grande)	3. Mme Paquin _____ Catherine.
(jeune)	4. Mme Paquin _____ Catherine.

Nom _____

Classe _____ Date _____

5. Opinions

Compare the following by using the suggested adjectives. Express your personal opinions.

▶ un imper / cher / un manteau
   Un imper est moins (aussi, plus) cher qu'un manteau.

1. une chemise / chère / une veste
   _____

2. une moto / rapide / une voiture
   _____

3. un chat / intelligent / un chien
   _____

4. le Texas / grand / l'Alaska
   _____

5. la Californie / jolie / la Floride
   _____

6. les filles / sportives / les garçons
   _____

7. la cuisine italienne / bonne / la cuisine américaine
   _____
   _____

8. les Royals / bons / les Yankees
   _____
   _____

Unité 6, Leçon 19
Workbook

Nom _____

Classe _____ Date _____

6. Communication: En français !

Make four to six comparisons of your own involving familiar people, places, or things.

▶ Ma soeur est plus jeune que mon frère. Elle est aussi intelligente que lui.
▶ Notre maison est moins grande que la maison des voisins.

_____
_____
_____
_____
_____
_____

Nom _____

Classe _____ Date _____

LEÇON 20 Alice a un job

LISTENING ACTIVITIES

Section 1. Le pronom *on*

A. Compréhension orale

a. ____

b. ____

c. 1

d. ____

f. ____

g. ____

B. Questions et réponses

Qu'est-ce qu'on vend ici?

On vend des ordinateurs.

1.

2.

3.

Nom _____

Classe _____ Date _____

C. Questions et réponses

Modèle: —Vous parlez anglais?
—**Bien sûr, on parle anglais.**

Section 2. L'impératif

D. Compréhension orale

	Modèle	1	2	3	4	5	6	7	8
A: statement	✓								
B: suggestion									

E. Parlez.

Modèle: Tu dois écouter le professeur
Écoute le professeur.

Modèle: Nous aimons jouer au foot.
Jouons au foot.

Section 3. Conversations

F. La réponse logique

1. a. Un copain.
   b. Ma tante Victoire.
   c. Le musée Picasso.

2. a. À mon oncle.
   b. Notre Dame.
   c. La France.

3. a. Oui, je suis riche.
   b. Oui, j'ai 20 euros.
   c. Oui, prête-moi 10 euros, s'il te plaît.

4. a. Oui, j'ai faim.
   b. Oui, je mange une pizza.
   c. Non, je suis au restaurant.

5. a. L'école.
   b. Ma montre.
   c. Le bus.

6. a. J'ai besoin d'argent.
   b. Je vais faire une promenade.
   c. Je vais en ville.

Nom _____

Classe _____ Date _____

Section 4. Dictée

G. Écoutez et écrivez.

You will hear a short dialogue spoken twice. First listen carefully to what the people are saying. The second time you hear the dialogue, fill in the missing words.

Écoutez.

—Qu'est-ce qu' _____ fait?

—J'ai _____ d'aller au cinéma, mais je n'ai pas d' _____.

—De _____ est-ce que tu as _____ ?

—De dix euros.

—Tiens, voilà dix euros.

Nom _____

Classe _____ Date _____

WRITING ACTIVITIES

A 1. Où?

Say where one usually does the activities suggested in parentheses. Choose one of the places from the box. Be logical!

▶ (étudier) On étudie à l'école.

1. (nager) _____
2. (dîner) _____
3. (jouer au foot) _____
4. (acheter des vêtements) _____
5. (parler français) _____
6. (parler espagnol) _____

- au Mexique
- en France
- au stade
- à la piscine
- à l'école
- au restaurant
- dans les grands magasins

B 2. Jobs d'été

The following students have jobs as salespeople this summer. Say what each one is selling.

1. 2. 3. 4. 5. 6.

▶ Caroline vend des maillots de bain.

1. Nous _____.
2. Vous _____.
3. Éric et Pierre _____.
4. Tu _____.
5. Je _____.
6. Corinne _____.

Unité 6, Leçon 20
Workbook

Discovering French, Nouveau! Bleu

Nom _____

Classe _____ Date _____

3. Pourquoi?

Explain why people do certain things by completing the sentences with the appropriate form of the verbs in the box. Be logical!

- attendre
- répondre
- entendre
- vendre
- perdre
- rendre

1. Olivier _____ son vélo parce qu'il a besoin d'argent.
2. Nous _____ le match parce que nous ne jouons pas bien.
3. Vous _____ correctement aux questions du prof parce que vous êtes de bons élèves.
4. Tu n'_____ pas parce que tu n'écoutes pas.
5. Je _____ souvent visite à mes voisins parce qu'ils sont sympathiques.
6. Martine et Julie _____ leurs copains parce qu'elles ont un rendez-vous avec eux.

4. Oui ou non?

Tell a French friend to do or not to do the following things according to the situation. Be logical.

▶ (téléphoner) Ne téléphone pas à Sophie. Elle n'est pas chez elle.
▶ (inviter) Invite Jean-Paul. Il est très sympathique.

1. (acheter) _____ cette veste. Elle est trop longue.
2. (choisir) _____ ce tee-shirt. Il est joli et bon marché.
3. (attendre) _____ tes copains. Ils vont venir dans cinq minutes.
4. (mettre) _____ ce pantalon. Il est moche et démodé.
5. (aller) _____ au cinéma. Il y a un très bon film.
6. (venir) _____ chez moi. J'organise une boum.
7. (apporter) _____ tes CD. Nous allons danser.
8. (manger) _____ la pizza. Tu vas grossir.

Nom _____

Classe _____ Date _____

5. Au choix (Your choice)

Your friends have asked your advice. Tell them what to do, choosing one of the suggested options. If you wish, you may explain your choice.

▶ aller au théâtre ou au cinéma?
   Allez au cinéma. C'est plus amusant (moins cher)!
   (Allez au théâtre. C'est plus intéressant!)

1. regarder le film ou le match de baseball?
   _____

2. dîner à la maison ou au restaurant?
   _____

3. organiser une boum ou un pique-nique?
   _____

4. étudier le français ou l'espagnol?
   _____

6. Suggestions

It is Saturday. You and your friends are wondering what to do. Suggest that you do the following things together.

 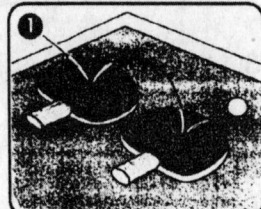 

▶ Jouons au basket.

1. _____   4. _____
2. _____   5. _____
3. _____   6. _____

7. Communication

Describe three things that you would like to do or buy, and say how much money you need to do so.

▶ J'ai envie d'acheter un baladeur.
  J'ai besoin de cinquante dollars.

1. ___
2. ___
3. ___

Le Club 20 Ans à la mode américaine

UNITÉ 6 Reading and Culture Activities

A. Six boutiques

1. **PRIX SPECIAUX** JANVIER
   Des exemples:
   COSTUME pure laine 165€
   VESTE pure laine 130€
   BLAZER pure laine 125€
   PULLOVER laine d'agneau
   «Fabriqué en Ecosse» 40€
   ASTER hommes

2. 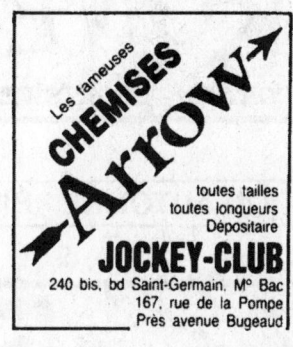 Les fameuses CHEMISES Arrow — toutes tailles, toutes longueurs, Dépositaire **JOCKEY-CLUB** 240 bis, bd Saint-Germain, M° Bac

3. **LUNETTES PETIT BATEAU.** EN VENTE CHEZ *TOUT POUR LA VUE*

4.  les cravates **JEAN PATOU** sont en vente à **MADELIOS** PLACE DE LA MADELEINE - PARIS

5. **Chaussures RALLYE** VILLE - SPORT - MONTAGNE ARCUS - TECNICA
   14, rue Royale, Annecy   Tél. 04.50.45.09.88

6.  **VdeV** ouvre sa boutique Maillots de bain, danse, jogging, ski HOMMES - FEMMES - ENFANTS 4, rue de Sèvres PARIS 6e

- These six Paris shops are each advertising different things.
- Note that the ads have been numbered 1, 2, 3, 4, 5, and 6.
- Indicate where one would go to buy the following items by circling the number of the corresponding shop.

	BOUTIQUES					
a dress shirt	1	2	3	4	5	6
a jacket	1	2	3	4	5	6
a swimsuit	1	2	3	4	5	6
an elegant tie	1	2	3	4	5	6
a man's suit	1	2	3	4	5	6
a pair of new glasses	1	2	3	4	5	6
a ballet leotard	1	2	3	4	5	6
a pair of walking shoes	1	2	3	4	5	6

Nom _____

Classe _____ Date _____

B. Les soldes

CORONER
PRET A PORTER - SPORTSWEAR

COLLECTION AUTOMNE - HIVER

-30% à -50%

BOUTIQUE HOMME
CHEMISES à 20€
PULLS à 30€
VESTES "NEW LOOK" à 69€
PANTALONS LAINAGES à 35€
PANTALONS (forme large) à 40€

BOUTIQUE FEMME
PULLS à 25€
PANTALONS à 30€
JUPES LAINAGE à 35€
ENSEMBLES à 45€

BOUTIQUE SPORTSWEAR
JEANS à 25€
SWEAT SHIRTS à 20€
PANTALONS NEWMAN à 30€
BLOUSONS à 45€
CHEMISES à 30€

353, Rue de Vaugirard, PARIS 15 ème
OUVERT DE 9 H 30 à 19 H 30 - SANS INTERRUPTION

1. As you were walking down the Boulevard Saint-Michel in Paris, you were handed this flyer announcing a special sale. Read it carefully and answer the following questions.

   - Comment s'appelle la boutique? _____
   - Quelle est l'adresse de la boutique? _____
   - À quelle heure est-ce que la boutique ouvre *(open)*? _____
   - Combien coûtent les jeans? _____
     Est-ce qu'ils sont chers ou bon marché? _____

Nom _____

Classe _____ Date _____

2. You have decided to go shop at the Coroner. Imagine you have saved 100 euros to buy clothes. Make a list of what you are planning to buy and add up the total cost of your intended purchases.

Article	Prix
Prix total:	

3. You have tried on the items and they all fit well. You will buy all the things on your list. Write out a check for the total amount.

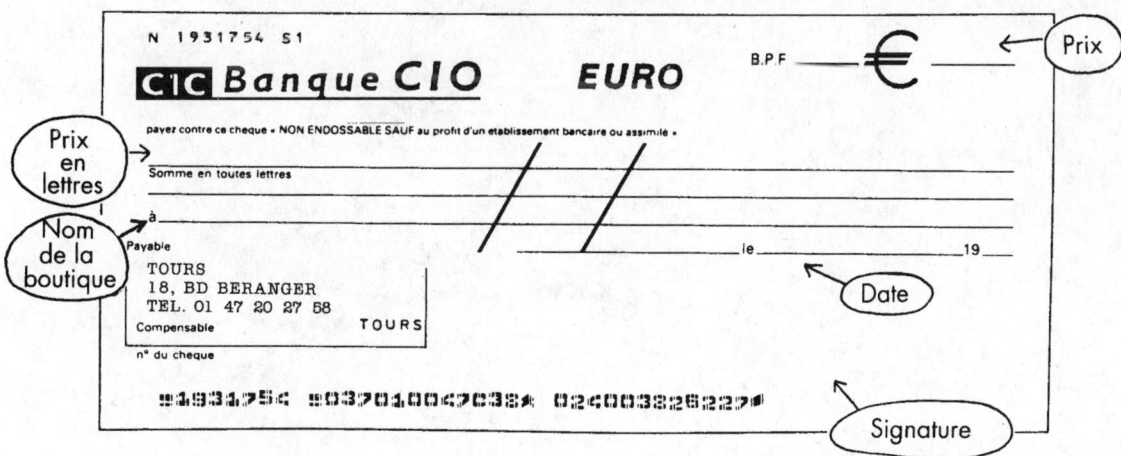

Nom _____

Classe _____ Date _____

Unité 7. Le temps libre

LEÇON 21 Le français pratique: Le week-end et les vacances

LISTENING ACTIVITIES

Section 1. Que faites-vous le week-end?

A. Compréhension orale

	Modèle	1	2	3	4	5	6	7	8
A:									
B:	✓								

B. Questions et réponses

—Est-ce que tu vas ranger ta chambre samedi?
—**Oui, je vais ranger ma chambre.**
 (Non, je ne vais pas ranger ma chambre.)

Nom _____

Classe _____ Date _____

Section 2. Les vacances

C. Compréhension orale

		Modèle	1	2	3	4	5	6	7	8
A:										
B:		✓								

D. Questions et réponses

Modèle: Que fait Thomas?
       Il fait du vélo.

① Marc
② Stéphanie
③ Antoine
▶ Thomas
④ Sophie
⑤ Caroline

Section 3. Conversations

E. La réponse logique

1. a. au café
   b. au cinéma
   c. au centre commercial

2. a. J'organise une boum ce week-end.
   b. Je répare mon vélo.
   c. Je vends mes CD.

3. a. Je vais à la campagne.
   b. Je dois aider mes parents.
   c. Je vais faire un pique-nique.

4. a. Oui, j'aime nager.
   b. Oui, je fais du skate.
   c. Non, je n'ai pas faim.

5. a. mes devoirs
   b. de l'escalade
   c. des achats

6. a. du skate
   b. de la planche à voile
   c. du VTT

Nom _____

Classe _____ Date _____

Section 4. Dictée

F. Écoutez et écrivez.

—Qu'est-ce que tu vas faire le week-end prochain?
—Je vais faire des _____ au _____ commercial avec ma cousine.
—Et _____?
—Nous allons _____ un film.

Nom _____

Classe _____ Date _____

Discovering FRENCH Nouveau!
BLEU

Unité 7, Leçon 21, Workbook

WRITING ACTIVITIES

A/B 1. L'intrus *(The intruder)*

Each of the following sentences can be logically completed by three of the four suggested options. The option that does not fit is the intruder. Cross it out.

1. Je ne peux pas aller au cinéma avec toi. Je dois nettoyer . . .
   - ma chambre
   - la cuisine
   - les devoirs
   - le garage

2. Ce soir, je vais . . . mes copains.
   - inviter
   - téléphoner à
   - rencontrer
   - laver

3. Philippe est à la maison. Il . . . ses parents.
   - assiste à
   - parle avec
   - aide
   - prépare le dîner pour

4. Madame Halimi est dans le garage. Elle . . . sa voiture.
   - lave
   - répare
   - nettoie
   - rencontre

5. Frédéric est à la bibliothèque. Il . . .
   - étudie
   - choisit un livre
   - fait des achats
   - fait ses devoirs

6. Alice n'est pas chez elle. Elle assiste à . . .
   - une boutique
   - un concert
   - un récital
   - un match de foot

7. Nous allons à la campagne pour faire . . .
   - un pique-nique
   - les devoirs
   - une promenade à pied
   - une promenade à vélo

8. Marc va en ville. Il va . . .
   - faire de la voile
   - rencontrer des copains
   - voir un film
   - acheter des vêtements

9. On peut aller de Dallas à San Francisco . . .
   - en autocar
   - en voiture
   - en bateau
   - en avion

10. À la mer, on peut faire . . .
    - de l'escalade
    - de la voile
    - du ski nautique
    - de la planche à voile

11. À la montagne, on peut faire . . .
    - du ski
    - du ski nautique
    - de l'escalade
    - des promenades à pied

12. Cet été, je vais . . . un mois en France.
    - rester
    - passer
    - dépenser
    - voyager

Discovering French, Nouveau! Bleu

2. Les loisirs (Leisure-time activities)

What do you think the following people are going to do during their leisure time? Complete the sentences logically.

▶ Béatrice va au centre commercial. Elle va faire des achats (acheter une robe . . .).

1. Philippe va au café. _____
2. Valérie va au stade. _____
3. Thomas et Christine vont au cinéma. _____
4. Martin rentre chez lui. _____
5. Cet été, Catherine va à la mer. _____
6. Ce week-end, Isabelle va à la campagne. _____
7. Pendant les vacances d'hiver, Jean-François va dans le Colorado. _____
8. Pendant les grandes vacances, Daniel va à la montagne. _____

3. Communication

In her last letter, your French pen pal Christine asked you several questions. Answer them.

- En général, qu'est-ce que tu fais le week-end?

- Qu'est-ce que tu fais quand tu es chez toi le samedi?

- Qu'est-ce que tu vas faire le week-end prochain?

- Où est-ce que tu vas aller pendant les grandes vacances?

  Combien de temps est-ce que tu vas passer là-bas?

  Comment vas-tu voyager?

  Qu'est-ce que tu vas faire?

Nom _____

Classe _____ Date _____

LEÇON 22 Vive le week-end!

LISTENING ACTIVITIES

Section 1. Le passé composé

A. Écoutez et répétez.

J'ai travaillé.	Je n'ai pas travaillé.
Tu as étudié.	Tu n'as pas étudié.
Il a joué au foot.	Il n'a pas joué au foot.
Elle a regardé la télé.	Elle n'a pas regardé la télé.
Nous avons nagé.	Nous n'avons pas nagé.
Vous avez mangé.	Vous n'avez pas mangé.
Ils ont visité Québec.	Ils n'ont pas visité Québec.
Elles ont parlé français.	Elles n'ont pas parlé français.

B. Compréhension orale

	Modèle	1	2	3	4	5	6	7	8	9	10
A: aujourd'hui (présent)											
B: ce week-end (passé composé)	✓										

C. Compréhension orale

		Jean-Claude	Nathalie
1	Qui a passé l'après-midi dans les magasins?		
2	Qui a étudié tout l'après-midi?		
3	Qui a regardé les vêtements?		
4	Qui a acheté un CD?		
5	Qui a mangé un sandwich dans un café?		
6	Qui a étudié après le dîner?		
7	Qui a téléphoné à une copine?		
8	Qui a regardé un film à la télé?		

Discovering French, Nouveau! Bleu

Nom _____

Classe _____ Date _____

D. Questions et réponses

▶ —Est-ce que tu as joué au tennis?
—Oui, j'ai joué au tennis. (Non, je n'ai pas joué au tennis.)

Nom _____

Classe _____ Date _____

E. Écoutez et parlez.

Modèle: [Stéphanie]   **Elle a joué au foot.**

▶   1.   2.   3.

4.   5.   6.   7.

Section 2. Dictée

F. Écoutez et écrivez.

—Tu _____ chez toi hier?

—Non, je _____ chez moi.

 J'_____ dans un restaurant italien avec ma copine.

—Qu'est-ce que vous _____?

—Nous _____ des pizzas.

Nom _____

Classe _____ Date _____

Discovering FRENCH *Nouveau!*

BLEU

Unité 7, Leçon 22, Workbook

WRITING ACTIVITIES

A 1. Pourquoi?

Read what the following people are doing and then explain why, using **avoir** and one of the expressions in the box.

▶ Alice mange une pizza. Elle a faim.

1. Je mets mon pull. _____
2. Nous allons à la cafétéria. _____
3. Tu ouvres *(open)* la fenêtre. _____
4. Vous achetez des sodas. _____
5. Robert fait un sandwich. _____
6. Alice et Juliette vont au café. _____

> **faim**
> **soif**
> *chaud*
> *froid*

B 2. Vive la différence!

People like to do similar things, but they do them differently. Explain this by completing the sentences below with the appropriate **passé composé** forms of the verbs in parentheses.

1. (visiter)

    À Paris, tu _____ Notre-Dame. Nous _____ le musée d'Orsay. Ces touristes _____ le Centre Pompidou.

2. (manger)

    Au restaurant, j' _____ des spaghetti. Tu _____ une pizza. Mes cousins _____ un steak-frites.

3. (travailler)

    L'été dernier, vous _____ dans un restaurant. J' _____ dans un hôpital. Alain et Jérôme _____ dans une station-service.

4. (acheter)

    Au centre commercial, Marie-Christine _____ une veste. Tu _____ une casquette. Nous _____ des lunettes de soleil.

Discovering French, Nouveau! Bleu

Unité 7, Leçon 22
Workbook

Nom _____

Classe _____ Date _____

Discovering French, Nouveau! BLEU

3. Qu'est-ce qu'ils ont fait?

Last Saturday different people did different things. Explain what each one did by completing the sentences with the appropriate **passé composé** forms of the verbs in the box. Be logical.

1. Ma cousine _____ sa chambre.
2. Nous _____ à un match de foot.
3. Les touristes _____ le musée d'Art Moderne.
4. Pierre et Sébastien _____ leur voiture.
5. J' _____ mes copains au café.
6. Tu _____ ta chambre.
7. Vous _____ dans le jardin.
8. Catherine _____ des vêtements au centre commercial.

| acheter |
| assister |
| ranger |
| laver |
| nettoyer |
| rencontrer |
| travailler |
| visiter |

B/C 4. Et toi?

Say whether or not you did the following things last weekend.

1. _____
2. _____
3. _____
4. _____
5. _____
6. _____

Nom _____

Classe _____ Date _____

C 5. On ne peut pas tout faire. (One cannot do everything.)

Say that the people below did the first thing in parentheses but not the second one.

▶ (regarder / étudier)

Hier soir, Jean-Marc a regardé la télé.

Il n'a pas étudié .

1. (travailler / voyager)

    L'été dernier, nous _____.

    Nous _____.

2. (rencontrer / assister)

    Samedi, tu _____ tes copains en ville.

    Tu _____ au match de foot.

3. (nager / jouer)

    À la plage, vous _____.

    Vous _____ au volley.

4. (laver / ranger)

    J' _____ la voiture de ma mère.

    Je _____ ma chambre.

Nom _____

Classe _____ Date _____

D 6. Conversations

Complete each of the following mini-dialogues by writing in the question that was asked.

▶ (où / vous)   —*Où est-ce que vous avez dîné* _____ samedi soir?
              —Nous avons dîné dans un restaurant vietnamien.

1. (à qui / tu)   —_____
                —J'ai téléphoné à ma cousine.

2. (avec qui / Marc)   —_____ à la boum?
                     —Il a dansé avec Caroline.

3. (quand / vous)   —_____
                  —Nous avons visité Paris l'été dernier.

4. (où / Alice)   —_____
                —Elle a rencontré Jean-Claude au Café de l'Univers.

7. Communication: Journal personnel
(Personal diary)

Write a short paragraph in the **passé composé** saying what you did or did not do last weekend. You way want to use the expressions in the box as a guide.

| étudier? travailler? jouer: à quel sport? téléphoner: à qui? |
| inviter: qui? dîner: où? regarder: quels programmes? rencontrer: qui? |

_____
_____
_____
_____
_____
_____
_____

Nom _____

Classe _____ Date _____

LEÇON 23 L'alibi

LISTENING ACTIVITIES

Section 1. Le passé composé

A. Écoutez et répétez.

choisir	→ j'ai choisi	être	→ j'ai été
finir	→ j'ai fini	avoir	→ j'ai eu
		faire	→ j'ai fait
vendre	→ j'ai vendu	mettre	→ j'ai mis
attendre	→ j'ai attendu	voir	→ j'ai vu

B. Compréhension orale

a. ____

b. ____

c. ____

d. ____

e. 1

f. ____

g. ____

Nom _____

Classe _____ Date _____

C. Questions et réponses

▶ —Est-ce qu'ils ont perdu ou est-ce qu'ils ont gagné le match?
 —**Ils ont gagné le match.**

D. Compréhension orale

1. Hier Philippe a eu de la chance.   vrai   faux
2. Philippe n'a pas fait ses devoirs.   vrai   faux
3. Philippe a perdu son sac de classe dans l'autobus.   vrai   faux
4. Philippe a fait un match de tennis.   vrai   faux
5. Philippe a gagné son match.   vrai   faux
6. Philippe a fait une promenade à vélo.   vrai   faux
7. Philippe a eu un accident de vélo.   vrai   faux
8. Ce soir, Philippe va aller au concert.   vrai   faux

Nom _____

Classe _____ Date _____

E. Questions et réponses

Modèle: Tu as acheté des CD?
—Oui, j'ai acheté des CD.
(—Non, je n'ai pas acheté de CD.)

1. _____
2. _____
3. _____
4. _____
5. _____
6. _____
7. _____
8. _____
9. _____

Section 2. Dictée

F. Écoutez et écrivez.

—Qu'est-ce que tu _____ le week-end dernier?

—J' _____ à mes cousins.

—Qu'est-ce que vous _____?

—On _____ au basket et après on _____ un film à le télé.

Nom _____

Classe _____ Date _____

WRITING ACTIVITIES

A 1. Panorama

A group of friends in Normandy has gone on a bicycle ride along the cliffs. They have stopped at a turnout to rest and look at the view. Say what each one sees, using the appropriate forms of **voir**.

1. Alice _____ un petit village.
2. Nous _____ des bateaux.
3. Julien et Martin _____ la mer.
4. Tu _____ une belle maison.
5. Je _____ un car de touristes.
6. Vous _____ des campeurs.

B 2. Oui ou non?

Read about the following people and say what they did or did not do, using the **passé composé** of the verbs in parentheses, in the affirmative or negative form.

▶ Nous avons bien joué. Nous *n'avons pas perdu* le match. (perdre)

1. Marc n'est pas patient. Il _____ ses amis. (attendre)
2. Les élèves ont étudié. Ils _____ à l'examen. (réussir)
3. J'ai regardé la télé. Je _____ mes devoirs. (finir)
4. Éric n'écoute pas. Il _____ la question. (entendre)
5. Anne n'a pas bien joué. Elle _____ le match. (perdre)
6. Vous êtes végétariens. Vous _____ le steak-frites. (choisir)
7. Nous faisons beaucoup d'exercices. Nous _____. (maigrir)
8. Philippe est un bon élève. Il _____ à la question du prof. (répondre)

C 3. Et toi?

Say whether or not you did the following things yesterday evening.

▶ faire les devoirs? *J'ai fait les devoirs. (Je n'ai pas fait les devoirs.)*

1. mettre la table? _____
2. voir un film à la télé? _____
3. faire une promenade en ville? _____
4. être au cinéma? _____
5. avoir un rendez-vous? _____

Nom _____

Classe _____ Date _____

B/C 4. Pauvre Jérôme

Jérôme is not lucky. Describe what happened to him, by completing the following statements with the passé composé of the verbs in parentheses.

1. (vendre)   Jérôme _____ sa moto.
2. (acheter)   Il _____ une voiture.
3. (faire)   Il _____ une promenade à la campagne.
4. (ne pas mettre) Il _____ sa ceinture de sécurité *(seatbelt)*.
5. (ne pas voir)   Il _____ l'arbre *(tree)*.
6. (avoir)   Il _____ un accident.
7. (être)   Il _____ à l'hôpital.
8. (passer)   Il _____ trois jours là-bas.
9. (vendre)   Finalement, il _____ sa nouvelle voiture.

5. Communication

On a separate sheet of paper, describe several things that you did in the past month or so. You may use the following questions as a guide.

- As-tu vu un bon film? (Quel film? Où? Quand?)
- As-tu vu un match intéressant? (Quel match? Où? Avec qui?)
- As-tu eu un rendez-vous? (Avec qui? Où?)
- As-tu fait un voyage? (Où? Quand?)
- As-tu fait une promenade en voiture? (Où? Quand?)

Nom _____

Classe _____ Date _____

LEÇON 24 Qui a de la chance?

LISTENING ACTIVITIES

Section 1. Le passé composé avec être

A. Écoutez et répétez.

Je suis allé au cinéma.

Tu es allé en ville.

Il est allé au café.

Elle est allée à l'église.

Nous sommes allés en France.

Vous êtes allés à Paris.

Ils sont allés au centre commercial.

Elles sont allées à la piscine.

B. Écoutez et parlez.

arriver → Je suis arrivé à dix heures.

rentrer → Je suis rentré chez moi.

rester → Je suis resté dans ma chambre.

venir → Je suis venu avec mon cousin.

Unité 7, Leçon 24

C. Compréhension orale

 a. ___  b. ___  c. ___  d. ___  e. ___

 f. ___  g. ___  h. 1  i. ___  j. ___

Nom _____

Classe _____ Date _____

D. Questions et réponses

▶ —Où est-ce qu'ils sont allés hier? au club de gymnastique ou au restaurant?
—**Ils sont allés au restaurant.**

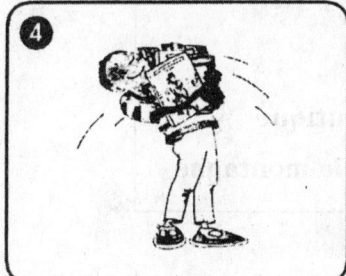

Nom _____

Classe _____ Date _____

E. Compréhension orale

1. Véronique a passé un bon week-end.	vrai	faux
2. Véronique est allée dans les magasins.	vrai	faux
3. Véronique est allée au théâtre.	vrai	faux
4. Véronique a rencontré son cousin Simon.	vrai	faux
5. Véronique est rentrée chez elle à minuit.	vrai	faux
6. Alice est restée chez elle.	vrai	faux
7. Alice est restée seule (*by herself*).	vrai	faux
8. Christophe est venu chez Alice.	vrai	faux

F. Écoutez et parlez.

Modèle: Émilie a acheté des vêtements.
Elle est allée dans une boutique.

```
au restaurant         à Paris
         au cinéma
  à la plage     dans une boutique
      à la piscine     à la montagne
```

Section 2. Dictée

G. Écoutez et écrivez.

—Tu _____ chez toi samedi?

—Non, je _____ en ville avec un copain.

—Qu'est-ce que vous _____?

—Nous _____ des achats et après nous _____ dans une pizzeria.

Nom _____

Classe _____ Date _____

Unité 7, Leçon 24, Workbook

BLEU

WRITING ACTIVITIES

A 1. Où es-tu allé(e)?

Say whether or not you went to the following places in the past ten days. Use complete sentences.

1. au cinéma? _____
2. à la bibliothèque? _____
3. chez un copain ou une copine? _____
_____
4. dans un restaurant mexicain? _____
_____

2. Où sont-ils allés?

Read what the following people did last week and then say where they went, choosing a place from the box. Be logical.

| à une boum | à la campagne | au cinéma |
| dans un restaurant italien | à la mer | dans un magasin |

1. Pauline a vu un film. _____
2. Alain et Thomas ont fait de la voile. _____
3. Marc a acheté une veste. _____
4. Stéphanie a dansé. _____
5. Mes cousins ont fait une promenade à pied. _____
6. Mélanie et sa soeur ont mangé une pizza. _____
_____

Discovering French, Nouveau! Bleu

Unité 7, Leçon 24 Workbook 205

3. Voyages

The following people spent a month in France. Describe the things they did during their trip by using the **passé composé** of the verbs in parentheses. Be careful! Some of the verbs are conjugated with **être** and others with **avoir**.

1. Nicolas (arriver / visiter / aller)

   Il _____ en France le 2 juillet.

   Il _____ Paris.

   Après, il _____ à Bordeaux.

2. Juliette (aller / rester / faire)

   Elle _____ à Annecy en juin.

   Elle _____ quatre semaines là-bas.

   Elle _____ des promenades à la montagne.

3. Philippe et Thomas (aller / rendre visite / rentrer)

   Ils _____ à Nice.

   Ils _____ à leurs cousins.

   Ils _____ chez eux le 15 août.

4. Hélène et Béatrice (venir / rencontrer / voyager)

   Elles _____ en France en juillet.

   Elles _____ des copains.

   Elles _____ avec eux.

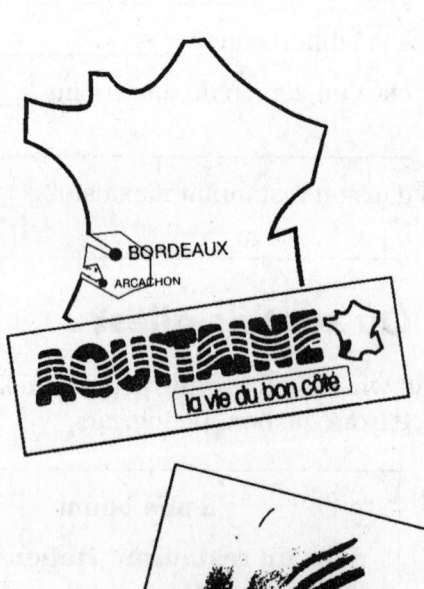

Nom _____

Classe _____ Date _____

B 4. Vive les vacances!

Say that the people below never do the things mentioned in parentheses during their vacations.

▶ (travailler)   Monsieur Martin _ne travaille jamais_ pendant les vacances.

1. (travailler)   Mes amis _____.
2. (téléphoner à ses clients)   Le docteur Thibault _____ _____.
3. (aller à la bibliothèque)   Nous _____.
4. (étudier)   Les élèves _____.
5. (faire les devoirs)   Vous _____.

C 5. Tant pis! *(Too bad!)*

Answer the following questions in the negative.

1. Philippe n'a pas faim. Est-ce qu'il mange quelque chose?

   Non, il _____.

2. Julien n'est pas très généreux. Est-ce qu'il invite quelqu'un au restaurant?

   Non, il _____.

3. Christine est fatiguée *(tired)*. Est-ce qu'elle fait quelque chose?

   Non, elle _____.

4. Olivier est fauché *(broke)*. Est-ce qu'il achète quelque chose?

   Non, il _____.

5. Alice est très entêtée *(stubborn)*. Est-ce qu'elle écoute quelqu'un?

   Non, elle _____.

Nom _____

Classe _____ Date _____

6. Communication: Une page de journal *(A diary page)*

Write six sentences describing a recent trip . . . real or imaginary. You may want to answer the following questions—in French, of course!

- Where did you go?
- When did you arrive?
- How long did you stay?
- What/whom did you see?
- What did you visit?
- When did you come home?

UNITÉ 7 Reading and Culture Activities

A. En vacances

1. On peut pratiquer les sports décrits dans cette annonce...
   ❑ à la mer
   ❑ à la montagne
   ❑ dans une piscine
   ❑ dans un stade

SPORTS
CERCLE NAUTIQUE MARTINIQUE

Ski nautique– Planche à voile–
parachute ascentionnel– Voiliers–
Locations Bateaux moteur avec ou sans permis

Tous les jours de 8h à 17h30 – Avant 8h sur R.V
Plage Hôtel Casino BATELIERE
Tél: 05 61 66 03 pour réservation

2. Les gens qui répondent à cette annonce vont...
   ❑ faire une promenade à pied
   ❑ aller à la campagne
   ❑ rester dans un hôtel de luxe
   ❑ faire une visite guidée en autocar

3. On peut pratiquer les activités décrites dans cette annonce...
   ❑ à la mer
   ❑ à la montagne
   ❑ à la campagne
   ❑ en ville

Visiter Montréal dans un autocar de luxe muni d'un toit vitré.

Découvrir Montréal, sa "Joie de vivre" et ses charmes par le service de tours guidés de Gray Line.

Tour de ville : 3 hres ; Adulte : 17$;
Enfant : 8,50 $

INFORMATION • RÉSERVATION
(514) 934-1222

Sports

ALPINISME – ESCALADE
RANDONNEES
COMPAGNIE DES GUIDES
DE ST GERVAIS – VAL MONTJOIE

Promenade du Mont Blanc   04 50 78 35 37
Du 15/6 au 30/6 de 15h30 à 19h.
Du 1/07 au 31/08:
de 10h à 12h et de 15h30 à 19h30.
Du 1/09 au 30/09 de 15h30 à 19h30.
Dimanches jours fériés de 16h à 19h30.
Ecole d'escalade de glace - Sorties Collectives -
Stages - Randonnées en moyenne montagne.

4. Les touristes intéressés par cette annonce vont...
   ❏ visiter Paris
   ❏ visiter Rome
   ❏ voyager en train
   ❏ faire du camping

45 Rome par avion

Voyage Individuel d'avril à octobre
399 €
Hôtel standard

Départ de Paris le jour de votre choix. Retour à Paris le jour de votre choix (mais pas avant le dimanche suivant le départ).

Prix pour 2 jours à Rome (1 nuit): 399€. comprenant le voyage aérien en classe "vacances" (vols désignés), le logement en chambre double avec bains ou douche, le petit déjeuner.

Suppléments:
Chambre individuelle: 13€ par nuit.
Nuit supplémentaire: 39€ par nuit et par personne en chambre double avec petit déjeuner.
Vol "visite": 50€.

5. Pendant le voyage décrit dans cette annonce, qu'est-ce que les touristes *ne* vont *pas* faire?
   ❏ Faire une promenade en bateau.
   ❏ Voir des tulipes.
   ❏ Visiter Rotterdam.
   ❏ Voyager en avion.

28 Tulipe Express

Départ vendredi 2 mai
300 €
tout compris sauf boissons

Vendredi 2 mai: Départ de Paris gare du Nord vers 23 h en places assises de 2ᵉ classe.
Samedi 3 mai: Arrivée à Rotterdam tôt le matin. Visite du port en bateau. Petit déjeuner à bord. Visite de Rotterdam et promenade à pied dans le centre commerical. Visite de Delft (ville et faïencerie). Déjeuner à La Haye, découverte de la ville. Visite de Madurodam. Dîner à Amsterdam. Logement.
Dimanche 4 mai: Petit déjeuner. Visite d'Amsterdam et promenade en vedette sur les canaux. Déjeuner. Visite des champs de fleurs et de l'exposition florale du Keukenhof. Départ par train en places assises de 2ᵉ classe. Dîner libre. Arrivée à Paris-Nord vers 23 h.

Supplément chambre individuelle: 20€.
Supplément couchette à l'aller: se renseigner.

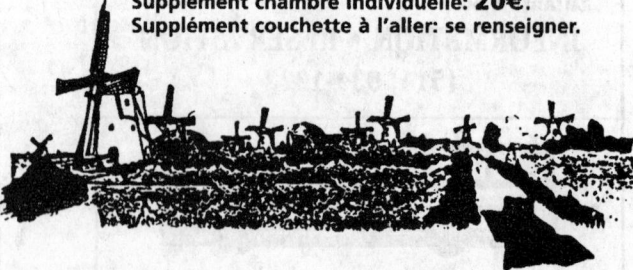

B. À la télé ce soir

1. En France

20.40
CINÉMA OU TÉLÉVISION : TOUS LES SOIRS, UN FILM
CONAN LE BARBARE ★★★

AVENTURES. FILM DE JOHN MILIUS (ÉTATS-UNIS, 1981)
SCÉNARIO : JOHN MILIUS ET OLIVER STONE — DURÉE : 2 H 15
DIRECTEUR DE LA PHOTO : DUKE CALLAGHAN — MUSIQUE : BASIL POLEDOURIS

Conan	Arnold Schwarzenegger
Thulsa Doom	James Earl Jones
Le roi Ostric	Max Von Sydow
Valeria	Sandahl Bergman
Rexor	Ben Davidson
La sorcière	Cassandra Gaviola
La fille du roi	Valérie Quennessen
Subotaï	William Smith

Pour adultes et adolescents.

Conan (Arnold Schwarzenegger) et sa fameuse épée.

- Qu'est-ce qu'on peut voir à la télé ce soir? _____
- Comment s'appelle le film? _____
- Qui est l'acteur principal? _____
- Est-ce que c'est un film américain ou français?
  _____
- À quelle heure est le film? _____
- Regardez le texte sous la photo. Que veut dire «épée»? _____

Nom _____

Classe _____ Date _____

2. Au Canada

- Comment s'appelle ce film en français? _____
- Quel est son titre anglais? _____
- Qui est l'actrice principale? _____
- Quel jour est-ce qu'on peut voir ce film? _____
- À quelle heure est le film? _____
- Regardez le petit texte.

    Le mot «cheminement» veut dire *path*. Peux-tu deviner *(guess)* l'équivalent anglais des mots suivants?

    l'escalavage= _____

    la conquête= _____

    la dignité= _____

    une vedette= _____

Nom _____

Classe _____ Date _____

Unité 8. Les repas

LEÇON 25 Le français pratique: Les repas et la nourriture

LISTENING ACTIVITIES

Section 1. La nourriture

A. Compréhension orale

	A	B
1.	les frites	les spaghetti
2.	le jus d'orange	le jus de pomme
3.	le fromage	le yaourt
4.	le gâteau	la glace

B. Compréhension orale

 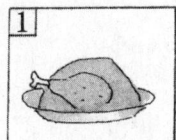   

A _____   _____   _____   _____

_____   _____   _____   _____   _____

Nom _____

Classe _____ Date _____

Unité 8, Leçon 25 — Workbook

C. Compréhension orale

	Modèle	1	2	3	4	5	6	7	8
A: viande	✓								
B: lait									

D. Questions et réponses

Modèle: —Qu'est-ce que vous préférez? la soupe ou la salade?
 —**Je préfère la soupe.**
  (**Je préfère la salade.**)

214 Unité 8, Leçon 25
Workbook

Discovering French, Nouveau! Bleu

Nom _____

Classe _____ Date _____

Discovering FRENCH *Nouveau!*

BLEU

Unité 8
Leçon 25
Workbook

Section 2. Les fruits et les légumes

E. Compréhension orale

	Modèle	1	2	3	4	5	6	7	8
A: fruits	✓								
B: légumes									

Section 3. Conversations

F. La réponse logique

1. a. À midi.
   b. À quatre heures.
   c. À sept heures et demie.

2. a. Pour la salade.
   b. Pour le jus d'orange.
   c. Pour le sucre.

3. a. Pour la viande.
   b. Pour le yaourt.
   c. Pour l'eau minérale.

4. a. Oui, j'aime le thon.
   b. Non, je n'aime pas les légumes.
   c. Non, je suis végétarien.

5. a. Non, je préfère la glace.
   b. Oui, j'aime le dessert.
   c. Non, je n'aime pas la glace.

6. a. Oui, donnez-moi des cerises.
   b. Oui, je voudrais des pommes de terre.
   c. Non, je n'aime pas les pommes.

Discovering French, Nouveau! Bleu

Secion 4. Dictée

G. Écoutez et écrivez.

—Tu as fait _____ ce matin?

—Oui, je suis allée au _____.

—Qu'est-ce que tu as acheté?

—Des _____ et un _____.

—Est-ce que tu as acheté des fruits?

—Oui, des _____ et des _____.

WRITING ACTIVITIES

A/B/C 1. L'intrus *(The intruder)*

For each of the boxes, the item that does not fit the category is the intruder. Find it and cross it out.

FRUITS	**LÉGUMES**	**VIANDE**
poire	fraises	veau
fromage	carottes	rosbif
cerise	haricots verts	poulet
pamplemousse	pommes de terre	frites

DESSERTS	**BOISSONS**	**PRODUITS LAITIERS** *(dairy products)*
glace	lait	yaourt
gâteau	confiture	fromage
jambon	eau minérale	lait
tarte	thé glacé	poire

PETIT DÉJEUNER	**UN REPAS VÉGÉTARIEN**	**DANS LE RÉFRIGÉRATEUR**
pain	riz	serviette
thon	légumes	oeufs
beurre	salade	thé glacé
confiture	saucisson	beurre

REPAS
dîner
nourriture
petit déjeuner
déjeuner

Nom _____

Classe _____ Date _____

2. Tes préférences

List the foods you like for each of the following courses.

1. Comme hors-d'oeuvre, j'aime _____.
2. Comme viande, j'aime _____.
3. Comme légumes, j'aime _____.
4. Comme fruits, j'aime _____.
5. Comme dessert, j'aime _____.

3. Au menu

Imagine you are working for a French restaurant. Prepare a different menu for each of the following meals.

4. Le pique-nique

You have decided to organize a picnic for your French friends. Prepare a shopping list.

5. Le mot juste

Complete each of the following sentences with a word from the box. Be logical!

| légumes | livre | verre | couteau |
| courses | viande | cuisine | petit déjeuner |

1. Demain, je vais prendre le _____ à huit heures et quart.
2. J'ai besoin d'un _____ pour couper *(to cut)* mon steak.
3. Ma soeur a passé l'été au Mexique. Maintenant elle adore la _____ mexicaine.
4. Alice est végétarienne. Elle ne mange jamais de _____.
5. Voici un _____ d'eau minérale.
6. Au supermarché j'ai acheté des fruits et des _____.
7. Nous avons besoin de nourriture. Je vais faire les _____.
8. S'il vous plaît, donnez-moi une _____ de cerises.

Nom _____

Classe _____ Date _____

BLEU

LEÇON 26 À la cantine

LISTENING ACTIVITIES

Section 1. Vouloir et prendre

A. Écoutez et répétez.

VOULOIR

Je **veux** un sandwich.
Tu **veux** une pizza.
Il **veut** une glace.
Nous **voulons** dîner.
Vous **voulez** déjeuner.
Ils **veulent** aller au café.

PRENDRE

Je **prends** mon livre.
Tu **prends** ton portable.
Il **prend** son baladeur.
Nous **prenons** le gâteau.
Vous **prenez** vos CD.
Ils **prennent** des photos.

Section 2. L'article partitif

B. Écoutez et répétez.

du pain   du beurre   du rosbif
de la salade   de la moutarde   de la glace
de l'eau   de l'eau minérale

C. Parlez.

Modèle: [le pain] **Je voudrais du pain.**

Discovering French, Nouveau! Bleu

Nom _____

Classe _____ Date _____

D. Compréhension orale

	Modèle	1	2	3	4	5	6	7	8
A:									
B:	✓								

E. Compréhension orale

1. Monsieur Martin et son fils achètent du pain.   vrai   faux
2. Ils achètent du beurre.   vrai   faux
3. Ils achètent du yaourt.   vrai   faux
4. Ils achètent du jambon et du saucisson.   vrai   faux
5. Ils achètent du poulet.   vrai   faux
6. Ils prennent du ketchup.   vrai   faux
7. Ils prennent de l'eau minérale.   vrai   faux
8. Ils prennent du jus de pomme.   vrai   faux

F. Compréhension orale

	A	B	C	D
	Mme Aubin	**M. Aubin**	**Nathalie**	**Caroline**
1. du café				
2. du café au lait				
3. du chocolate				
4. du thé nature				
5. du pain				
6. du beurre				
7. de la confiture				
8. du yaourt				
9. des céréales avec du lait				

Nom _____

Classe _____ Date _____

G. Questions et réponses

Modèle: —Qu'est-ce que tu veux?
—**Je voudrais du pain.**

Section 3. L'article partitif au négatif

H. Écoutez et répétez.

Je mange du pain. #   Tu ne manges pas de pain. #
Je veux de la glace. #   Tu ne veux pas de glace. #
Il y a du poulet. #   Il n'y a pas de poulet. #

Nom _____

Classe _____ Date _____

I. Questions et réponses

Modèle: —Est-ce qu'il y a du pain?
—**Non, il n'y a pas de pain.**

Section 4. Dictée

J. Écoutez et écrivez.

—Qu'est-ce que vous _____ manger?

—Moi, je vais _____ _____ rosbif et _____ salade. Et toi?

—Moi, je _____ un hamburger avec _____ moutarde et _____ ketchup.

Nom _____

Classe _____ Date _____

Unité 8, Leçon 26 — Workbook

BLEU

WRITING ACTIVITIES

A 1. Quand on veut . . .

Read about the following people. Then decide whether or not they want to do certain things. Complete the sentences with the appropriate affirmative or negative forms of **vouloir**.

▶ Nous sommes en vacances. Nous _ne voulons pas_ étudier.

1. J'ai envie de voir un film. Je _____ aller au cinéma.
2. Tu es timide. Tu _____ parler en public.
3. Mes cousines ont envie de voyager cet été. Elles _____ aller au Pérou.
4. Olivier est fatigué. Il _____ aller au concert avec nous.
5. Nous avons faim. Nous _____ déjeuner.
6. Stéphanie a besoin d'argent. Elle _____ vendre son vélo.
7. Vous êtes très impatients. Vous _____ attendre vos copains.
8. Mes petits cousins regardent un film. Ils _____ aller au lit.

B 2. Quel objet?

In order to do certain activities, people must take along certain things. Write complete sentences to say what people are taking, using the appropriate form of **prendre** and one of the objects in the box. Be logical.

| argent | appareil-photo | livres | raquette |
| maillot de bain | vélo | calculatrices |

▶ Paul va jouer au tennis.   _Il prend sa raquette._

1. Caroline va nager. _____
2. Les élèves vont en classe. _____
3. Je vais faire des achats. _____
4. Tu veux prendre des photos. _____
5. Vous faites une promenade à la campagne. _____
6. Nous faisons des devoirs de maths. _____

Discovering French, Nouveau! Bleu

C 3. «À la bonne auberge»

You are working as a waiter/waitress in a French restaurant named "À la bonne auberge." Explain the menu to your customers. Fill in the blanks with the appropriate partitive articles.

1. Comme hors-d'oeuvre, il y a _____ jambon et _____ soupe.
2. Comme viande, il y a _____ poulet et _____ rosbif.
3. Comme poisson, il y a _____ sole et _____ thon.
4. Après, il y a _____ salade et _____ fromage.
5. Comme dessert, il y a _____ glace et _____ tarte aux fraises.

4. À votre tour

Now it is your turn to be the client. The waiter is offering you the following choices. Tell him what you would like.

▶ soupe ou saucisson?   Je voudrais du saucisson (de la soupe).

1. poisson ou viande?   _____
2. veau ou poulet?   _____
3. ketchup ou mayonnaise?   _____
4. yaourt ou fromage?   _____
5. gâteau ou tarte?   _____
6. thé ou café?   _____
7. eau minérale ou jus d'orange?   _____

5. Les courses

Your brother is going shopping and is making a list. Tell him what to buy.

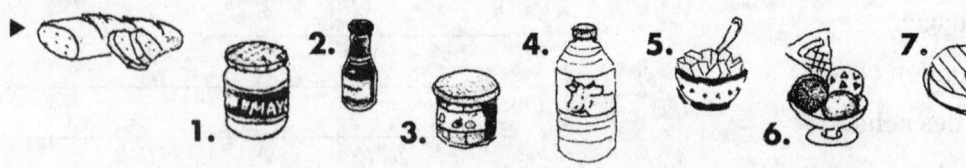

▶ Achète du pain.

1. _____
2. _____
3. _____
4. _____
5. _____
6. _____
7. _____
8. _____

Nom _____

Classe _____ Date _____

Discovering FRENCH Nouveau!

BLEU

Unité 8 Leçon 26 Workbook

D 6. Un végétarien

You are under doctor's orders not to eat meat. Imagine you are having lunch at a French restaurant. What will you answer when the waiter offers you the following foods?

▶ (la salade)   Oui, je veux bien de la salade.
▶ (le rosbif)   Non, merci. Je ne veux pas de rosbif.
1. (la soupe) _____
2. (le melon) _____
3. (le poulet) _____
4. (le jambon) _____
5. (le veau) _____
6. (la glace) _____

7. À la cantine

Look at the various items on Michel's cafeteria tray and answer the questions accordingly.

▶ Est-ce que Michel a pris de la soupe?   Non, il n'a pas pris de soupe.
1. Est-ce que Michel a mangé du fromage? _____
2. Est-ce qu'il a mangé de la salade? _____
3. Est-ce qu'il a mangé de la viande? _____
4. Est-ce qu'il a pris de l'eau minérale? _____
5. Est-ce qu'il a pris du jambon? _____
6. Est-ce qu'il a mangé du pain? _____

Discovering French, Nouveau! Bleu

Unité 8, Leçon 26

E 8. À la boum

Say what the guests are drinking at the party. Complete the sentences with the appropriate forms of **boire**.

1. Alain _____ du thé glacé.
2. Bruno et Guillaume _____ du soda.
3. Je _____ du soda, aussi.
4. Tu _____ de l'eau minérale.
5. Nous _____ de la limonade.
6. Vous _____ du jus de fruit.

9. Communication

A. Un repas

In a short paragraph, write about a recent meal (real or imaginary). Use words you know to describe...

- where you ate
  ▶ Samedi dernier, j'ai dîné dans un restaurant français.
- what you had for each course
  Comme hors-d'oeuvre, j'ai pris du melon.
  _____
  _____
  _____
- what you drank
  _____
  _____

B. Le réfrigérateur

Check the contents of your refrigerator. List the names of the items that you know in French. Also list some of the things that are not in your refrigerator.

Dans mon réfrigérateur, il y a ...	Il n'y a pas ...
• du lait	• de jus de raisin
•	•
•	•
•	•
•	•
•	•

Nom _____

Classe _____ Date _____

LEÇON 27 Un client difficile

LISTENING ACTIVITIES

Section 1. Les services

A. Compréhension orale

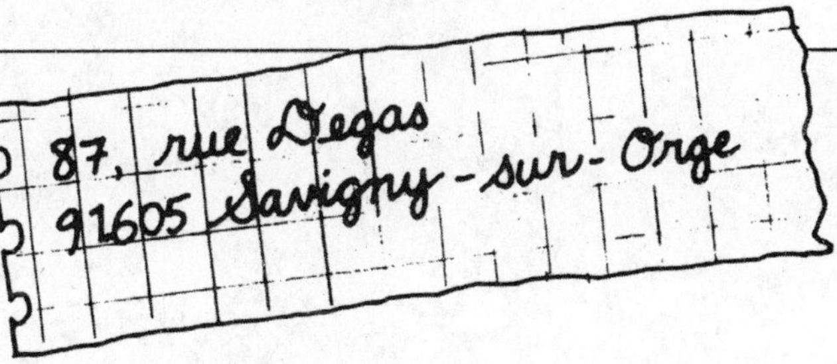

a. ____

b. ____

c. ____

d. ____

e. ____

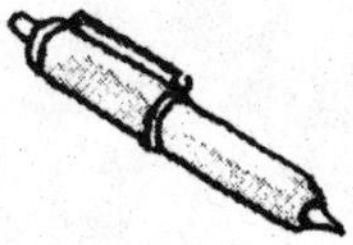

f. ____

Discovering French, Nouveau! Bleu

Nom _____

Classe _____ Date _____

B. Écoutez et parlez.

Modèle: —Tu veux jouer au tennis?
—Oui, prête-moi ta raquette, s'il te plaît.

| ton vélo | ta raquette | ton portable | ton appareil-photo |
| ton baladeur | cinq euros | dix euros | |

Section 2. Pouvoir et devoir

C. Écoutez et répétez.

POUVOIR

Je **peux** venir avec toi.
Tu **peux** travailler.
On **peut** voyager cet été.
Nous **pouvons** dîner ici.
Vous **pouvez** rester à la maison.
Les enfants **peuvent** aider.
Mon père **a pu** maigrir.

DEVOIR

Je **dois** rentrer avant midi.
Tu **dois** gagner de l'argent.
On **doit** visiter Genève.
Nous **devons** regarder le menu.
Vous **devez** finir vos devoirs.
Ils **doivent** mettre la table.
Il **a dû** manger moins.

Section 3. Dictée

D. Écoutez et écrivez.

—Dis, Stéphanie, j'ai _____ d'un petit service.

—Qu'est-ce que je _____ faire pour toi?

—_____ ton scooter, s'il te plaît.

—Je regrette, mais _____.

　Je _____ aller en ville avec ma copine.

　Nous _____ aller à la bibliothèque.

WRITING ACTIVITIES

A 1. D'accord ou pas d'accord?

Complete the mini-dialogues by answering the questions, using appropriate pronouns. Answer questions 1–3 affirmatively; answer questions 4 and 5 negatively.

1. —Tu m'invites chez toi?
   —D'accord, _____.

2. —Tu nous attends après la classe?
   —D'accord, _____.

3. —Tu me téléphones ce soir?
   —D'accord, _____ après le dîner.

4. —Tu m'attends?
   —Non, _____. Je n'ai pas le temps.

5. —Tu nous invites au cinéma?
   —Non, _____. Je n'ai pas d'argent.

Nom _____

Classe _____ Date _____

Unité 8, Leçon 27 — Workbook

B 2. S'il te plaît!

Ask your friends to do certain things for you, using the verbs in parentheses.

▶ J'ai besoin d'argent. (prêter)

S'il te plaît, _prête-moi_____ dix euros.

1. Je voudrais réparer mon vélo. (aider)

   S'il te plaît, _____.

2. J'ai faim. (donner)

   S'il te plaît, _____ un sandwich.

3. Oh là là, j'ai très soif. (apporter)

   S'il te plaît, _____ un verre d'eau.

4. Je voudrais prendre des photos. (prêter)

   S'il te plaît, _____ ton appareil-photo.

5. Je voudrais téléphoner à ton copain. (donner)

   S'il te plaît, _____ son numéro de téléphone.

3. Petits services

Ask your French friend Vincent to . . .

- loan you his cell phone   _____
- give you his cousin's address *(l'adresse)* _____
- invite you to his party   _____
- show you his photos   _____
- wait for you after the class   _____
- bring you a sandwich   _____

C 4. C'est impossible!

The following people cannot do certain things because they have to do other things. Express this by using the appropriate forms of **pouvoir** and **devoir**, as well as your imagination.

▶ Olivier ne peut pas aller au cinéma.
   Il doit étudier (aider sa mère, ...)

1. Nous ne pouvons pas jouer au basket avec vous.
   Nous _____.

2. Je _____ dîner chez toi.
   Je _____.

3. Véronique et Françoise _____ venir à la boum.
   Elles _____.

4. Vous _____ aller au concert.
   Vous _____.

5. Jean-Marc _____ rester avec nous.
   Il _____.

6. Tu _____ rencontrer tes copains.
   Tu _____.

Nom _____

Classe _____ Date _____

5. Communication: Un bon conseiller *(A good adviser)*

Imagine that you are a newspaper columnist and your readers write you for advice. Here are some of their problems. Write out your advice for each one, using the appropriate present-tense forms of **devoir** or **pouvoir**—and your imagination!

▶ «Je veux voyager cet été, mais je n'ai pas beaucoup d'argent. Qu'est-ce que je peux faire?»
   Vous pouvez aller chez des amis à la mer.
   Vous pouvez travailler pour gagner de l'argent et pour payer le voyage.

1. «Je n'ai pas de bonnes notes en français. Qu'est-ce que je dois faire?»
   _____
   _____

2. «Mon ami et moi, nous voulons faire une surprise à un copain pour son anniversaire. Qu'est-ce que nous pouvons faire?»
   _____
   _____

3. «Mes cousins vont en France pendant les vacances. Qu'est-ce qu'ils peuvent faire pendant leur voyage?»
   _____
   _____

4. «Avec une copine, nous voulons organiser une boum pour nos amis français. Qu'est-ce que nous devons faire?»
   _____
   _____

5. «En ce moment, j'ai des problèmes avec mon copain (ma copine). Qu'est-ce que je dois faire?»
   _____
   _____

Nom _____

Classe _____ Date _____

LEÇON 28 Pique-nique

LISTENING ACTIVITIES

Section 1. Les pronoms le, la, les

A. Compréhension orale

	Modèle	1	2	3	4	5	6	7	8
A. le									
B. la	✓								
C. les									

B. Questions et réponses

Now you will hear a series of questions. Answer each one affirmatively, using the pronouns **le**, **la**, or **les**, as appropriate.

Modèles: —Tu connais Mélanie?
—**Oui, je la connais.**
—Tu regardes cette photo?
—**Oui, je la regarde.**

Section 2. Les pronoms lui et leur

C. Compréhension orale

	Modèle	1	2	3	4	5	6
A. lui							
B. leur	✓						

Discovering French, Nouveau! Bleu

D. Compréhension orale

1. Jean-Paul et Philippe sont à Deauville.	vrai	faux
2. À la plage, ils voient une fille.	vrai	faux
3. Jean-Paul ne la connaît pas.	vrai	faux
4. Jean-Paul va lui demander quelle heure il est.	vrai	faux
5. Jean-Paul va lui demander si elle est en vacances.	vrai	faux
6. Jean-Paul va l'inviter à aller au cinéma.	vrai	faux
7. Jean-Paul ne lui parle pas.	vrai	faux
8. C'est un nouveau garçon qui parle à la fille.	vrai	faux

E. Questions et réponses

Modèles: —Tu connais tes voisins?
    —Oui, je les connais.
    —(Non, je ne les connais pas.)
    —Tu téléphones à ta cousine?
    —Oui, je lui téléphone.
       (Non, je ne lui téléphone pas.)

Section 3. Dictée

F. Écoutez et écrivez.

—Qu'est-ce que tu fais?

—J' _____ à ma cousine.

—Qu'est-ce que tu _____ ?

—Je _____ à la boum samedi prochain.

—Et les voisins, tu _____ invites aussi?

—Oui, je vais _____ téléphoner.

WRITING ACTIVITIES

A 1. Connaissances

Complete the sentences below with the appropriate forms of **connaître.** Your answers could be affirmative or negative.

1. Je _____ San Francisco.
2. Mes copains _____ ma famille.
3. Ma copine _____ mes cousins.
4. Ma famille et moi, nous _____ bien nos voisins.

B 2. Les photos d'Isabelle

While showing pictures of her friends, Isabelle makes comments about them. Complete her sentences with the appropriate direct object pronouns.

1. Voici Julien.

   Je _____ connais très bien. Je _____ rencontre souvent au café. Je _____ aide avec ses devoirs.

2. Voici Pauline.

   Je _____ trouve très intelligente. Je _____ aime beaucoup. Je _____ vois souvent le week-end.

3. Voici mes cousins.

   Je _____ vois pendant les vacances. Je _____ trouve un peu snobs.

4. Voici mes copines.

   Je _____ trouve très sympathiques. Je _____ invite souvent chez moi.

3. Correspondance

Jean-François, your French pen pal, has written you a letter asking about your activities. Answer his questions affirmatively or negatively, using direct object pronouns.

▶ Tu regardes la télé? Oui, je la regarde. (Non, je ne la regarde pas.)

1. Tu regardes les matchs de foot? _____
2. Tu écoutes la radio? _____
3. Tu écoutes souvent tes CD? _____
4. Tu prêtes ton portable? _____
5. Tu prends le bus pour aller à l'école? _____
6. Tu invites souvent tes amis à la maison? _____
7. Tu aides ta mère? _____
8. Tu fais les courses? _____
9. Tu vois tes cousins? _____
10. Tu connais bien ton professeur de français? _____

4. En colonie de vacances (At camp)

You are at a French summer camp. Your roommate is asking whether he/she can do the following things. Answer affirmatively or negatively, according to the way you feel.

▶ Je prends ta raquette? Oui, prends-la.
 (Non, ne la prends pas.)

1. Je prends ton appareil-photo? _____
2. Je mets la radio? _____
3. Je mets le CD de rap? _____
4. Je nettoie la chambre? _____
5. Je fais le lit? _____
6. Je regarde les photos? _____

D 5. Les cadeaux (Presents)

Imagine that you have bought the following presents. Decide which one you are giving to each of the following people and then write out your choices. If you wish, you may decide on other presents that are not illustrated.

▶ (à mon père) — Je lui donne une cravate (un livre, etc.).

1. (à ma mère) _____
2. (à mes grands-parents) _____
3. (à mes cousins) _____
4. (au professeur de français) _____
5. (à mon meilleur ami) _____
6. (à ma meilleure amie) _____

6. Les copains d'Hélène

Raphaël wants to know more about Hélène's friends. Complete Hélène's answers with the appropriate pronouns, direct (**le, la, l', les**) or indirect (**lui, leur**).

Raphaël	**Hélène**
▶ Tu téléphones souvent à Éric?	Oui, je _lui_ téléphone assez souvent.
1. Tu connais bien Marthe?	Oui, je _____ connais assez bien.
2. Tu vois Éric et Olivier ce week-end?	Oui, je _____ vois samedi matin.
3. Tu téléphones à Catherine ce soir?	Oui, je _____ téléphone après le dîner.
4. Tu invites Cédric à ta boum?	Bien sûr, je _____ invite. C'est un très bon copain.
5. Tu rends souvent visite à tes copains canadiens?	Oui, je _____ rends visite assez souvent.
6. Tu parles souvent à tes cousins?	Bien sûr, je _____ parle tous les jours (every day).
7. Tu aides ton frère?	Bien sûr. Je _____ aide quand il a un problème.
8. Tu prêtes tes CD à Robert?	En général, oui, je _____ prête mes CD.

E 7. Lettres de vacances

In the summer we like to write to people we know and let them know what we are doing. Complete the following sentences with the appropriate forms of **écrire** and **dire**.

▶ Francis _écrit_ à sa copine.

  Il lui _dit_ qu'il veut lui rendre visite.

1. Nous _____ à nos copains.

   Nous leur _____ que nous passons des vacances géniales.

2. Caroline _____ à sa cousine.

   Elle lui _____ qu'elle a rencontré un garçon très sympathique.

3. Tu _____ à tes grands-parents.

   Tu leur _____ qu'il fait beau et que tu apprends à faire de la voile.

4. Vous _____ au professeur.

   Vous lui _____ que vous êtes en France.

5. J'_____ à ma mère.

   Je lui _____ que j'ai besoin d'argent.

6. Cécile et Mélanie _____ à leurs parents.

   Elles leur _____ qu'elles sont très contentes de leurs vacances.

8. Communication: Êtes-vous serviable? *(Are you helpful?)*

Are you helpful? Of course you are! Write two things you would do for the following people in the circumstances mentioned below. Be sure to use the appropriate *direct* or *indirect* object pronouns. You may want to select some of the verbs in the box.

| acheter | **aider** | *donner* | **écrire** | inviter |
| parler | **prêter** | *rendre visite* | **téléphoner** | |

▶ Ma meilleure amie a un problème avec sa famille.
   Je lui téléphone. Je l'aide. (Je lui parle. Je l'invite chez moi.)

1. Mes grands-parents sont malades.

2. Ma cousine est à l'hôpital.

3. Mes amis ont des problèmes avec la classe de français.

4. Mon meilleur copain a besoin d'argent.

5. Le professeur est malade.

6. Une amie organise une boum et a besoin d'aide.

Nom _____

Classe _____ Date _____

BLEU

UNITÉ 8 Reading and Culture Activities

A. Dîner en ville

1. Quel plat est-ce qu'on *ne* peut *pas* trouver dans ce restaurant?
   - ❏ Salade de tomates.
   - ❏ Omelette au jambon.
   - ❏ Glace à la vanille.
   - ❏ Yaourt.

2. Qu'est-ce qu'on peut faire dans ce restaurant?
   - ❏ Manger des spaghetti.
   - ❏ Manger de la nourriture chinoise.
   - ❏ Parler japonais.
   - ❏ Écouter de la musique.

3. Quelles sont les spécialités de ce restaurant?
   - ❏ La viande.
   - ❏ Le poisson.
   - ❏ Les fromages.
   - ❏ Les desserts.

4. Qu'est-ce qu'on peut manger dans ce restaurant?
   - ❏ De la cuisine mexicaine.
   - ❏ Des spécialités de la Martinique.
   - ❏ Un bon steak.
   - ❏ Des pizzas.

Discovering French, Nouveau! Bleu

Unité 8
Workbook Reading and Culture Activities

B. Vinaigrette

Vinaigrette

Mettez dans un petit bol :
- 1 cuillère à soupe de vinaigre,
- ½ cuillère à café de moutarde,
- 4 pincées de sel.

Ajoutez :
- 3 cuillères à soupe d'huile d'olive.

Mélangez bien avec une fourchette.
Versez la vinaigrette sur la salade.

1. Ce texte est . . .
   - ❑ une recette *(recipe)*
   - ❑ un menu
   - ❑ une liste de courses
   - ❑ la description d'un repas

2. Qu'est-ce que c'est «vinaigrette»?
   - ❑ Un hors-d'oeuvre.
   - ❑ Le nom d'un restaurant.
   - ❑ Une sauce pour la salade.
   - ❑ Le nom d'un magasin.

Nom _____

Classe _____ Date _____

BLEU

C. Petit déjeuner dans l'avion

Imaginez que vous allez passer une semaine de vacances en France avec votre famille. Maintenant vous êtes dans l'avion et c'est le moment du petit déjeuner.

Qu'est-ce que vous allez choisir?

Le Petit Déjeuner
sera servi avant l'atterrissage

Choix de Jus de Fruits Frais

Assiette de Fruits Frais de Saison

Choix de Yaourts
Sélection de Céréales

Assortiment de Pains
Danoise aux Graines de Pavot Gâteau aux Pommes
Croissants

- Est-ce que vous prenez un jus de fruits? _____

  Si oui, quel jus de fruits préférez-vous? _____

  Qu'est-ce que vous dites à l'hôtesse?
  _____

- Est-ce que vous voudriez *(would like)* des fruits? _____

  Si oui, quels fruits aimez-vous? _____

  Qu'est-ce que vous dites à l'hôtesse?
  _____

- Est-ce que vous allez prendre un yaourt? _____

  Si oui, quel parfum *(flavor)*? _____

  Qu'est-ce que vous dites à l'hôtesse?
  _____

- Est-ce que vous allez manger des céréales? _____

  Qu'est-ce que vous dites à l'hôtesse?
  _____

- Est-ce que vous allez choisir un pain? _____

  Si oui, quel pain? (Notez: « graines de pavot » = *poppy seeds*)
  _____

  Qu'est-ce que vous dites à l'hôtesse?
  _____

Discovering French, Nouveau! Bleu
Workbook Reading and Culture Activities

D. Les courses

Imaginez que vous êtes en France avec vos parents. Vous venez de faire les courses à La Grande Épicerie de Paris.

Maintenant votre mère, qui ne comprend pas le français, a des questions.

- How much did you spend for the following things?

  meat? _____   _____
  bread? _____
  butter? _____
  cheese? _____
  fruits and _____ + _____ + _____ + _____ =
  vegetables?

                          Total = _____

- Is the store open . . .

Monday at 9 A.M.?	yes	no
Tuesday at 9:30 P.M.?	yes	no
Wednesday noon?	yes	no
Thursday at 8 A.M.?	yes	no
Friday at 9:45 P.M.?	yes	no
Saturday morning?	yes	no
Sunday afternoon?	yes	no

```
* LA GRANDE EPICERIE DE PARIS *
  OUVERT DU LUNDI AU SAMEDI

  POULET              4,25
  PAINS POILANE       2,25
  FROMAGE COUPE       3,70
  FRUITS ET LEGUMES   1,75
  BEURRE CHARENTE/P.  2,50
  FRAISE 1L           4,25
  FRUITS ET LEGUMES   3,00
  CONCOMBRE             50
  ****
  ESPECES       TOT  22,20€
                     22,20€
  26/06/04 11:03 4680 07 0124 138
  DE 8H30 A 21H-LUNDI ET VENDREDI 22H
  MERCI DE VOTRE VISITE A BIENTOT
```

E. Aux Deux Magots

Cet été vous avez visité le musée d'Orsay le matin. À midi et demi vous avez déjeuné aux Deux Magots. Regardez bien le menu.

- Regardez le choix de jus de fruits.

    Quel jus de fruit est-ce que vous avez choisi? _____

    Combien coûte-t-il? _____

- Regardez le choix de sandwichs.

    Quel sandwich avez-vous choisi? _____

    Combien est-ce qu'il coûte? _____

- Choisissez un dessert: une glace ou un sorbet ou une pâtisserie.

    Qu'est-ce que vous avez choisi? _____

    Combien coûte ce dessert? _____

- Maintenant faites le total.

    Quel est le prix de votre déjeuner en euros? _____

    Combien coûte-t-il en dollars? (Notez: 1 euro = approximativement $.90.)

    _____

BOISSONS

Limonade	3,50
Jus de fruit : Ananas, Abricot, Pamplemousse, Orange, Raisin et Jus de tomate	3,50
Eaux minérales (le 1/4) : Evian, Perrier, Vichy, Vittel, Badoit	3,50
Oranges ou citrons pressés	4,25
Lait aromatisé	3,25

LES SANDWICHS

Jambon de Paris	4,00
Jambon de Bayonne	5,00
Saucisson beurre	4,00
Mixte : jambon, Comté	5,00
Fromage Comté ou camembert normand	4,00
Le Croque Monsieur	5,00
La quiche Lorraine	4,75
La salade Deux Magots (salade verte, jambon, poulet, gruyère, tomate, oeuf dur)	7,25
Salade verte	4,25

LES PATISSERIES

Gâteau au chocolat	5,00
Tarte Tatin chaude	5,50
Avec crème fraîche supplément	1,00
Pâtisserie au choix	4,25
Cake	1,50

GLACES ET SORBETS
deux parfums au choix

Café, Vanille, Noisette, Pistache, Rhum raisin, Chocolat	5,00
Cassis, Citron, Fraise, Framboise, Fruits de la passion, Spécial tropic	5,50
Coupe des Deux Magots (glace Vanille, Sorbet et Sirop cassis)	6,00

McDougal Littell

Vocabulary and Grammar Lesson Review Bookmarks

McDougal Littell
A HOUGHTON MIFFLIN COMPANY
Evanston, Illinois • Boston • Dallas

For more information about McDougal Littell products,
call 1-800-462-6595, or visit our Web site at: mcdougallittell.com

ISBN-13: 978-0-618-68041-2   ISBN-10: 0-618-68041-1

2-91943

Discovering French Nouveau! BLEU

Unité 1, Leçon 1
VOCABULAIRE

Pour communiquer

GREETING PEOPLE
Bonjour!	Hello!
Au revoir!	Good-bye!
Salut!	Hi!; Bye! [informal]
Bonjour, monsieur (madame, mademoiselle)!	Hello sir (ma'am, miss)! [formal]
Au revoir, monsieur (madame, mademoiselle)!	Good-bye sir (ma'am, miss)

ASKING SOMEONE'S NAME
Comment t'appelles-tu?	What's your name?
Je m'appelle …	My name is …

ASKING WHERE PEOPLE ARE FROM
Tu es de …?	Are you from …?
Je suis de …	I'm from …

TALKING ABOUT ONE'S NATIONALITY
Je suis américain (américaine).	I am American.
Tu es anglais (anglaise).	You are English.

ASKING PEOPLE HOW THEY FEEL
Ça va?	How's everything?
Comment vas-tu?	How are you? [informal]
Comment allez-vous?	How are you? [formal]
Ça va.	Everything's fine. (I'm fine.) (I'm) okay.
Ça va très bien.	Things are great. (I'm) very well.
bien	good (well)
comme ci, comme ça	okay (so-so)
mal	bad (not well)
très mal	awful (in bad shape)

EXPRESSING APPRECIATION AND FRUSTRATION
Merci!	Thanks!
Zut!	Darn!

Mots et expressions

LES NOMBRES DE 0 À 60
zéro	0
un	1
deux	2
trois	3
quatre	4
cinq	5
six	6
sept	7
huit	8
neuf	9
dix	10
onze	11
douze	12
treize	13
quatorze	14
quinze	15
seize	16
dix-sept	17
dix-huit	18
dix-neuf	19
vingt	20
vingt et un	21
vingt-deux	22
vingt-trois	23
vingt-quatre	24
vingt-cinq	25
vingt-six	26
vingt-sept	27
vingt-huit	28
vingt-neuf	29
trente	30
trente et un	31
trente-deux	32
trente-trois	33
trente-quatre	34
trente-cinq	35
trente-six	36
trente-sept	37
trente-huit	38
trente-neuf	39
quarante	40
quarante et un	41
quarante-deux	42
quarante-trois	43
quarante-quatre	44
quarante-cinq	45
quarante-six	46
quarante-sept	47
quarante-huit	48
quarante-neuf	49
cinquante	50
cinquante et un	51
cinquante-deux	52
cinquante-trois	53
cinquante-quatre	54
cinquante-cinq	55
cinquante-six	56
cinquante-sept	57
cinquante-huit	58
cinquante-neuf	59
soixante	60

USEFUL EXPRESSIONS
oui	yes
non	no
et	and
ou	or
moi	me
et toi?	and you?
aussi	also
moi, aussi	me, too

Unité 1, Leçon 2
VOCABULAIRE

Pour communiquer

ASKING SOMEONE'S NAME
Comment s'appelle-t-il (elle)?	What's his (her) name?
Il (Elle) s'appelle …	His (Her) name is …

TALKING ABOUT OTHER PEOPLE
Voici …	This is …
Tiens! Voilà …	Hey! There is …
Qui est-ce?	Who is it?; Who's that?
C'est …	It's …; That's …
Tu connais …?	Do you know …?
C'est …	He's …
un ami.	a friend.
un copain.	a friend.
un garçon.	a boy.
un prof.	a teacher.
un monsieur.	a man.
C'est …	She's …
une amie.	a friend.
une copine.	a friend.
une fille.	a girl.
une prof.	a teacher.
une dame.	a lady.

INTRODUCING ONE'S FAMILY AND PETS
Voici …	This is …
mon père.	my father.
mon frère.	my brother.
mon oncle.	my uncle.
mon cousin.	my cousin.
mon grand-père.	my grandfather.
mon chien.	my dog.
mon chat.	my cat.
Voici …	This is …
ma mère.	my mother.
ma soeur.	my sister.
ma tante.	my aunt.
ma cousine.	my cousin.
ma grand-mère.	my grandmother.
ma famille.	my family.

ASKING SOMEONE'S AGE
Quel âge as-tu?	How old are you?
J'ai … ans.	I'm … (years old).
Quel âge a …?	How old is …?
Il (Elle) a … ans.	He (She) is … (years old).

Mots et expressions

LES NOMBRES DE 60 À 100
soixante	60
soixante et un	61
soixante-deux	62
soixante-trois	63
soixante-quatre	64
soixante-cinq	65
soixante-six	66
soixante-sept	67
soixante-huit	68
soixante-neuf	69
soixante-dix	70
soixante et onze	71
soixante-douze	72
soixante-treize	73
soixante-quatorze	74
soixante-quinze	75
soixante-seize	76
soixante-dix-sept	77
soixante-dix-huit	78
soixante-dix-neuf	79
quatre-vingts	80
quatre-vingt-un	81
quatre-vingt-deux	82
quatre-vingt-trois	83
quatre-vingt-quatre	84
quatre-vingt-cinq	85
quatre-vingt-six	86
quatre-vingt-sept	87
quatre-vingt-huit	88
quatre-vingt-neuf	89
quatre-vingt-dix	90
quatre-vingt-onze	91
quatre-vingt-douze	92
quatre-vingt-treize	93
quatre-vingt-quatorze	94
quatre-vingt-quinze	95
quatre-vingt-seize	96
quatre-vingt-dix-sept	97
quatre-vingt-dix-huit	98
quatre-vingt-dix-neuf	99
cent	100

Vocabulaire supplémentaire

LES COULEURS
rouge	red
bleu(e)	blue
jaune	yellow
noir(e)	black
violet(te)	purple
vert(e)	green
orange	orange
blanc(he)	white

Discovering French Bleu

Unité 2, Leçon 3 — VOCABULAIRE

Pour communiquer

SAYING THAT YOU ARE HUNGRY AND THIRSTY
- Tu as faim? — Are you hungry?
- J'ai faim. — I'm hungry.
- Tu as soif? — Are you thirsty?
- J'ai soif. — I'm thirsty.

ASKING A FRIEND FOR SOMETHING
- Je voudrais … — I would like …
- S'il te plaît, donne-moi … — Please, give me …
- Prête-moi …, s'il te plaît. — Please, lend (loan) me …

OFFERING A FRIEND SOMETHING TO EAT OR DRINK
- Qu'est-ce que tu veux? — What do you want?
- Tu veux …? — Do you want …?

ORDERING IN A CAFÉ
- Vous désirez? — May I help you?
- Je voudrais … — I would like …
- un jus d'orange. — an orange juice.
- S'il vous plaît, donnez-moi … — Please, give me …
- un café. — a coffee.

ASKING HOW MUCH SOMETHING COSTS
- C'est combien? — How much is it?
- Ça fait combien? — How much does that come to (make)?
- Ça fait … — That's …; That comes to …
- Combien coûte …? — How much does … cost?
- Il (Elle) coûte … — It costs …

Mots et expressions

LES NOURRITURES
- un croissant — croissant (crescent roll)
- une crêpe — crêpe (thin pancake)
- un hamburger — hamburger
- une glace — ice cream
- un hot dog — hot dog
- une omelette — omelet
- un sandwich — sandwich
- une pizza — pizza
- un steak — steak
- une salade — salad
- un steak-frites — steak and fries

LES BOISSONS
- un café — coffee
- un jus d'orange — orange juice
- une limonade — lemon soda
- un chocolat — hot chocolate
- un jus de pomme — apple juice
- un soda — soft drink
- un jus de raisin — grape juice
- un thé — tea
- un jus de tomate — tomato juice

Unité 2, Leçon 4 — VOCABULAIRE

Pour communiquer

TALKING ABOUT THE TIME
- Quelle heure est-il? — What time is it?
- Il est … — It's …
- une heure. — one o'clock.
- huit heures du matin. — eight (o'clock) in the morning.
- deux heures de l'après-midi. — two (o'clock) in the afternoon.
- dix heures du soir. — ten (o'clock) in the evening.
- trois heures et quart. — quarter past three.
- cinq heures et demie. — half past five.
- sept heures moins le quart. — quarter of seven.
- midi. — noon.
- minuit. — midnight.
- À quelle heure est le film? — At what time is the movie?
- J'ai un rendez-vous à neuf heures. — I have an appointment (a date) at nine.

TALKING ABOUT DAYS OF THE WEEK
- Quel jour est-ce? — What day is it?
- Aujourd'hui, c'est lundi. — Today is Monday.
- Demain, c'est … — Tomorrow is …
- mardi. — Tuesday.
- mercredi. — Wednesday.
- jeudi. — Thursday.
- vendredi. — Friday.
- samedi. — Saturday.
- dimanche. — Sunday.

TELLING PEOPLE WHEN YOU WILL SEE THEM AGAIN
- À samedi! — See you Saturday!
- À demain! — See you tomorrow!

TALKING ABOUT BIRTHDAYS
- C'est quand, ton anniversaire? — When's your birthday?
- Mon anniversaire est le … — My birthday is …

TALKING ABOUT THE DATE
- Quelle est la date? — What's the date?
- C'est le premier janvier. — It's the first of January (January first).
- C'est le deux février. — It's the second of February.
- mars — March
- avril — April
- mai — May
- juin — June
- juillet — July
- août — August
- septembre — September
- octobre — October
- novembre — November
- décembre — December

Mots et expressions

TALKING ABOUT THE WEATHER
- Quel temps fait-il? — How's the weather?
- Il fait beau. — It's beautiful out.
- Il fait frais. — It's cool.
- Il pleut. — It's raining.
- Il fait bon. — It's warm.
- Il fait froid. — It's cold.
- Il neige. — It's snowing.
- Il fait chaud. — It's hot.
- Il fait mauvais. — It's terrible out.

LES SAISONS
- le printemps — spring
- au printemps — in (the) spring
- l'été — summer
- en été — in (the) summer
- l'automne — fall, autumn
- en automne — in (the) fall
- l'hiver — winter
- en hiver — in (the) winter

Vocabulaire supplémentaire

LES PARTIES DU CORPS
- le bras — arm
- le nez — nose
- la bouche — mouth
- les cheveux — hair
- un oeil (les yeux) — eye(s)
- la jambe — leg
- le cou — neck
- le pied — foot
- la main — hand
- le dos — back
- le ventre — stomach
- une oreille — ear
- la tête — head

Unité 3, Leçon 5
LE FRANÇAIS PRATIQUE

Pour communiquer

TALKING ABOUT LIKES AND PREFERENCES

Est-ce que tu aimes parler anglais?	Do you like to speak English?
J'aime	I like
Je n'aime pas	I don't like
Je préfère parler français.	I prefer to speak French.
Je veux	I want
Je voudrais	I would like
Je ne veux pas	I don't want

INVITING A FRIEND

Est-ce que tu veux …?	Do you want to …?
Est-ce que tu peux … avec moi?	Can you … with me?

ACCEPTING OR DECLINING AN INVITATION

Oui, bien sûr.	Yes, of course.
Oui, merci.	Yes, thanks.
Oui, d'accord.	Yes, all right, okay.
Oui, je veux bien.	Yes, I'd love to.
Je regrette, mais je ne peux pas.	I'm sorry, but I can't.
Je dois … travailler.	I have to, I must … work.

Mots et expressions

VERBES RÉGULIERS EN -ER

chanter	to sing
danser	to dance
dîner	to have dinner
dîner au restaurant	to eat out
écouter	to listen, to listen to
écouter la radio	to listen to the radio
étudier	to study
jouer …	to play …
au basket	basketball
au foot	soccer
aux jeux vidéo	video games
au tennis	tennis
manger	to eat
nager	to swim
parler …	to speak …
anglais	English
espagnol	Spanish
français	French
regarder	to watch, to look at
regarder la télé	to watch TV
téléphoner (à Céline)	to phone (Céline)
travailler	to work
voyager	to travel

Unité 3, Leçon 6
VOCABULAIRE

Pour communiquer

ANSWERING A YES/NO QUESTION

Oui	Yes!
Mais oui!	Sure!
Bien sûr!	Of course!
Non!	No!
Mais non!	Of course not!
Peut-être …	Maybe …

SAYING WHERE PEOPLE ARE

Pierre est …	Pierre is …
ici.	here.
là.	here, there.
là-bas.	over there.
à Paris.	in Paris.
à la maison.	at home.
au café.	at the café.
au cinéma.	at the movies.
au restaurant.	at the restaurant.
en classe.	in class.
en France.	in France.
en vacances.	on vacation.
en ville.	in town.

Mots et expressions

VERBES IRRÉGULIERS

être	to be
être d'accord	to agree

MOTS UTILES

à	at, in
de	from, of
et	and
mais	but
ou	or
pour	for

Unité 3, Leçon 6
LANGUE ET COMMUNICATION

The Verb être (to be) and Subject Pronouns

je suis	nous sommes
tu es	vous êtes
il/elle est	ils/elles sont

Note: To express agreement, use **être d'accord** (to agree).

Ex.: **Tu es d'accord avec moi?** Ex.: **Je suis américain.**

Tu or Vous?

One person:
- **tu** ("familiar you")
- **vous** ("formal you")

Two or more people:
- **vous**

Ils or Elles?

- **ils:** two or more males; mixed group of males and females
- **elles:** two or more females

Yes/No Questions

To make a yes/no question:
- add **est-ce que** to the beginning of an affirmative sentence
- let your voice rise at the end of a sentence
- add **n'est-ce pas** at the end of a sentence

Note: Use **est-ce qu'** before a vowel sound.

Ex.: **Est-ce qu'il est en ville?**

Negation

To make a negative statement:
- use **ne** + VERB + **pas**

Ex.: **Éric et Anne ne sont pas là.**

- if the verb begins with a vowel sound, use **n'** (+ VOWEL SOUND) + **pas**

Ex.: **Michèle n'est pas avec moi.**

Unité 3, Leçon 7
VOCABULAIRE

Pour communiquer

EXPRESSING APPROVAL OR REGRET
- Super! — Terrific!
- Dommage! — Too bad!

SAYING HOW WELL, HOW OFTEN AND WHEN
- bien — well
- très bien — very well
- mal — badly, poorly
- beaucoup — a lot, much, very much
- un peu — a little, a little bit
- rarement — rarely, seldom
- maintenant — now
- souvent — often
- toujours — always

Mots et expressions

VERBES RÉGULIERS EN -ER
- aimer — to like
- habiter (à Paris) — to live (in Paris)
- inviter — to invite
- organiser une boum — to organize a party
- visiter Paris — to visit Paris

MOTS UTILES
- aussi — also
- avec — with

Unité 3, Leçon 8
VOCABULAIRE

Pour communiquer

EXPRESSING SURPRISE
- Ah bon? — Oh? Really?

ASKING FOR INFORMATION
- où? — where?
- quand? — when?
- à quelle heure? — at what time?
- comment? — how?
- pourquoi? — why?
- parce que — because
- qu'est-ce que — what
- qui? — who, whom?
- à qui? — to who(m)?
- de qui? — about who(m)?
- avec qui? — with who(m)?
- pour qui? — for who(m)?

Mots et expressions

VERBES IRRÉGULIERS
- faire — to do, make
- faire un match — to play a game (match)
- faire une promenade — to go for a walk
- faire un voyage — to take a trip
- faire attention — to pay attention

Discovering French Bleu

Unité 3, Leçon 8 — LANGUE ET COMMUNICATION

Information Questions

Information questions are formed as follows:

INTERROGATIVE EXPRESSION + **est-ce que** + SUBJECT + VERB ....?

Ex.: **À quelle heure est-ce que vous travaillez?**

Note: **Est-ce que** becomes **est-ce qu'** before a vowel sound. In casual conversation the interrogative expression is often at the end of the sentence: **Tu veux aller où?**

Interrogative Expressions with qui

To ask who is doing something, use **qui** + VERB ....?

Ex.: **Qui habite ici?**

Note: These are interrogative expressions to ask about people:

| qui? | de qui? |
| à qui? | avec qui? | pour qui? |

Qu'est-ce que?

Use **qu'est-ce que** (what) to ask what people are doing.

qu'est-ce que + SUBJECT + VERB ....?

Ex.: **Qu'est-ce que tu regardes?**

Note: Use **qu'est-ce qu'** before a vowel sound.

The Verb faire

Faire (to do, make) is an irregular verb.

je fais	nous faisons
tu fais	vous faites
il/elle fait	ils/elles font

Interrogatives with Inversion

Questions with inversion are formed as follows:

- yes/no inversion question: VERB / SUBJECT PRONOUN ....?

Ex.: **Parlez-vous anglais?**

- information inversion question:

INTERROGATIVE EXPRESSION + VERB / SUBJECT PRONOUN ....?

Ex.: **Avec qui faites-vous un voyage?**

Note: The verb and the subject pronoun are connected by a hyphen. When inverting the verb and **il** or **elle**, add "**-t-**" if the verb ends in a vowel.

Ex.: **Où travaille-t-il?**

Unité 3, Leçon 7 — LANGUE ET COMMUNICATION

-er Verbs: The Singular Forms

The present tense singular forms are made as follows:

STEM (INFINITIVE minus **-er**) + ENDINGS = PRESENT TENSE

parler → parl-

(je) -e	je parle
(tu) -es	tu parles
(il/elle) -e	il/elle parle

Note: Endings are silent and change with each subject. **Je** becomes **j'** before a vowel sound: **J'habite.**

-er Verbs: The Plural Forms

The present tense plural forms are made as follows:

STEM (INFINITIVE minus **-er**) + ENDINGS = PRESENT TENSE

parler → parl-

(nous) -ons	nous parlons
(vous) -ez	vous parlez
(ils/elles) -ent	ils/elles parlent

Note: **-ent** at the end of the **ils**-form is silent. When the infinitive of the verb ends in **-ger**, the **nous**-form ends in **-geons: nous mangeons.**

Present tense -er Verbs: Affirmative and Negative Forms

Negative statements are formed as follows:

SUBJECT + **ne** + VERB + **pas**

Ex.: **Il ne travaille pas ici.**

Note: In front of a vowel sound **ne** becomes **n': Je n'invite pas Pierre.**

Affirmative		Negative	
je parle	nous parlons	je ne parle pas	nous ne parlons pas
tu parles	vous parlez	tu ne parles pas	vous ne parlez pas
il/elle parle	ils/elles parlent	il/elle ne parle pas	ils/elles ne parlent pas

Language Comparisons

The French present tense can be translated into three forms in English.

Ex.: **Je joue au tennis.**
- I play tennis.
- I do play tennis.
- I am playing tennis.

The Construction: Verb + Infinitive

To express what you like to do, use:

SUBJECT + PRESENT TENSE OF **aimer** + INFINITIVE

Ex.: **Nous aimons voyager.**

To express what you don't like to do, use:

SUBJECT + **n'** + PRESENT TENSE OF **aimer** + **pas** + INFINITIVE

Ex.: **Nous n'aimons pas voyager.**

Note: The infinitive is also used after the expressions: **Je préfère ... ; Je voudrais ... ; Je (ne) veux (pas) ... ; Je (ne) peux (pas) ... ; and Je dois ...**

Est-ce que tu veux voyager?

Unité 4, Leçon 9
LE FRANÇAIS PRATIQUE

Pour communiquer

TALKING ABOUT PEOPLE
- Qui est-ce? — Who is it?
- Comment est-il (elle)? — What is he/she like?
- Quel âge a-t-il (elle)? — How old is he/she?

TALKING ABOUT THINGS
- Qu'est-ce que c'est? — What is it?; What's that?
- C'est … — It's …
- Est-ce que tu as …? — Do you have …?
- Oui, j'ai … — Yes, I have …
- Regarde ça. — Look at that.
- Quoi? — What?
- Ça, là-bas. — That, over there.
- Il y a … — There is …; There are …
- Est-ce qu'il y a …? — Is there …?; Are there …?
- Qu'est-ce qu'il y a …? — What is there …?

Mots et expressions

LES PERSONNES
- un camarade — classmate
- une camarade — classmate
- un élève — pupil, student
- une élève — pupil, student
- un étudiant — student
- une étudiante — student
- un prof — teacher
- une prof — teacher
- un professeur — teacher
- une personne — person
- un voisin — neighbor
- une voisine — neighbor

QUELQUES POSSESSIONS
- un appareil-photo — camera
- un baladeur — portable CD player
- un cahier — notebook
- un CD — CD
- un crayon — pencil
- un DVD — DVD
- un livre — book
- un objet — object
- un ordinateur — computer
- un portable — cell phone
- un sac — bag
- un scooter — motor scooter
- un stylo — pen
- un téléphone — phone
- un vélo — bicycle, bike
- une affiche — poster
- une auto — car
- une bicyclette — bicycle
- une calculatrice — calculator
- une cassette vidéo — videotape
- une chaîne hi-fi — stereo set
- une chose — thing
- une guitare — guitar
- une mini-chaîne — compact stereo
- une mobylette — motorbike, moped
- une montre — watch
- une moto — motorcycle
- une radio — radio
- une radiocassette — boom box
- une raquette — tennis racket
- une télé — TV set
- une voiture — car

LA CHAMBRE
- un bureau — desk
- un lit — bed
- une chaise — chair
- une fenêtre — window
- une lampe — lamp
- une porte — door
- une table — table

OÙ?
- dans — in
- derrière — behind, in back of
- devant — in front of
- sous — under
- sur — on top of

VERBES RÉGULIERS EN -ER
- marcher — to work, to run (to function), to walk

EXPRESSIONS UTILES
- Je sais. — I know.
- Je ne sais pas. — I don't know.

Unité 4, Leçon 10
VOCABULAIRE

Pour communiquer

VERBES IRRÉGULIERS
- avoir — to have
- avoir faim — to be hungry
- avoir soif — to be thirsty
- avoir … ans — to be … (years old)

EXPRESSIONS UTILES
- Si! — Yes!

Unité 4, Leçon 10
LANGUE ET COMMUNICATION

The Verb avoir (to have)

The verb **avoir** is irregular.

j'ai	nous avons
tu as	vous avez
il/elle a	ils/elles ont

Nouns and Articles: Masculine and Feminine

Nouns
- Nouns designating animals, objects, and things vary in gender: **un portable; une télé.**
- Nouns that designate male persons are almost always masculine: **un garçon.**
- Nouns that designate female persons are almost always feminine: **une fille.**

Note: Une **personne** is always feminine and **un professeur** is always masculine.

Articles

INDEFINITE ARTICLES	DEFINITE ARTICLES
un, une	le, la, l'

Note: Le and la become l' before a vowel sound.

Pronouns

Pronouns replace a noun and its article: **le garçon → il; la fille → elle.**

MASCULINE PRONOUN	FEMININE PRONOUN
il	elle

Continued on reverse

Unité 4, Leçon 10 (Continued)
LANGUE ET COMMUNICATION

Nouns and Articles: The Plural

Plural Nouns

Most plural nouns are formed as follows:

SINGULAR NOUN + **-s** = PLURAL NOUN

If the singular ends in **-s**, the plural is the same. The final **-s** of the plural is always silent.

Note: Gens (people) is always plural.

Summary of Singular and Plural Articles

DEFINITE	SINGULAR	PLURAL
	le (l')	les
	la (l')	

INDEFINITE	SINGULAR	PLURAL
	un	des
	une	

Note: Although the word some can be omitted in English, **des** cannot be omitted.
Ex.: **Il y a des livres sur la table.**

The Indefinite Article in Negative Sentences

AFFIRMATIVE				NEGATIVE			
VERB	+	INDEFINITE ARTICLE	+ NOUN →	n(e)	+ VERB +	**pas** + **de** +	NOUN

Ex.: **Il a un cahier.** → **Il n'a pas de cahier.**

Note: Pas de becomes **pas d'** before a vowel sound: **Paul n'a pas d'ordinateur.**

The negative form of **il y a** is **il n'y a pas**. After **être**, the articles **un, une,** and **des** don't change.
Ex.: **C'est un professeur.** → **Ce n'est pas un professeur.**

Usage of the Definite Article in the General Sense

The definite article (**le, la, l', les**) is used to introduce abstract nouns, or nouns used in a general or collective sense.
Ex.: **J'aime la musique.**

Usage of the Definite Article with the Days of the Week

To indicate a repeated or habitual event, use **le** + day of the week.
Ex.: **Le samedi, je fais une promenade dans le parc.**

Unité 4, Leçon 11 — VOCABULAIRE

Mots et expressions

LA DESCRIPTION
- amusant(e) — amusing, fun
- bête — silly, dumb
- blond(e) — blonde
- brun(e) — brown, dark-haired
- gentil (gentille) — nice, kind
- intelligent(e) — intelligent, smart
- intéressant(e) — interesting
- jeune — young
- méchant(e) — mean, nasty
- mignon (mignonne) — cute
- sportif (sportive) — athletic
- sympathique — nice, pleasant
- timide — timid, shy
- assez — rather, enough
- très — very

LES ADJECTIFS DE NATIONALITÉ
- américain(e) — American
- anglais(e) — English
- canadien (canadienne) — Canadian
- chinois(e) — Chinese
- espagnol(e) — Spanish
- français(e) — French
- italien (italienne) — Italian
- japonais(e) — Japanese
- mexicain(e) — Mexican
- suisse — Swiss

EXPRESSIONS UTILES
- alors — so, then

Unité 4, Leçon 12 — VOCABULAIRE

Pour communiquer

TALKING ABOUT THINGS
- De quelle couleur …? — What color …?

EXPRESSING OPINIONS
- C'est … — It's …
- bien. — good.
- chouette. — neat.
- difficile. — hard, difficult.
- drôle. — funny.
- facile. — easy.
- faux. — false.
- génial. — terrific.
- mal. — bad.
- pénible. — a pain, annoying.
- super. — great.
- vrai. — true.

Mots et expressions

LES COULEURS
- blanc (blanche) — white
- bleu(e) — blue
- gris(e) — grey
- jaune — yellow
- noir(e) — black
- rose — pink
- rouge — red
- vert(e) — green

EXPRESSIONS UTILES
- Dis! — Say!; Hey!
- Dis donc! — Hey there!

Vocabulaire supplémentaire

L'INFORMATIQUE
- un CD-ROM (cédérom) — CD-ROM
- un clavier — keyboard
- un écran — screen
- un jeu d'ordinateur — computer game
- un mail (un mél) — e-mail
- un ordinateur portable — laptop
- un PC — PC
- une imprimante — printer
- une souris — mouse
- chatter — to chat (online)
- envoyer un mail — to send an e-mail
- surfer sur l'Internet — to surf the Internet
- télécharger — to download

Unité 4, Leçon 12
LANGUE ET COMMUNICATION

Colors

Colors are adjectives and take adjective endings. They come after the noun.

Ex.: **Nous avons des chemises bleues.**

Adjectives That Come Before the Noun

The following adjectives come before the noun they modify:

| beau (belle) | grand(e) | mauvais(e) |
| bon (bonne) | joli(e) | petit(e) |

Ex.: **Il y a une petite voiture.**

Note: The article **des** becomes **de (d'** + VOWEL SOUND) before an adjective.

Ex.: **Elle a des voitures.** But: **Elle a de petites voitures.**

Il est or c'est?

Il est (elle est) and **c'est** are used to describe people and things as follows:

Il/Elle est + ADJECTIVE	C'est + ARTICLE + NOUN (+ ADJECTIVE)
Il est amusant.	C'est un copain.
	C'est un copain amusant.

Note: The plural forms are **Ils/Elles sont …** and **Ce sont …** . To form the negative **ne … pas** goes around the verb.

Ex.: **Ce ne sont pas de bonnes voitures.**

Impersonal Expressions with c'est

To express an opinion on a general topic, use:

C'est / Ce n'est pas + MASCULINE ADJECTIVE

Ex.: **C'est intéressant.** Or: **Ce n'est pas amusant.**

Unité 4, Leçon 11
LANGUE ET COMMUNICATION

Adjectives: Masculine and Feminine

The gender of the adjective must agree with the gender of the noun it modifies. The feminine form of regular adjectives is formed as follows:

MASCULINE ADJECTIVE + **e** = FEMININE ADJECTIVE

Ex.: **Le scooter est petit.** But: **La voiture est petite.**

Note: If the masculine adjective ends in **-e**, there is no change in the feminine form. Some adjectives are irregular, such as **beau/belle** and **canadien/canadienne**.

Pronunciation Note: Final silent consonants in masculine adjectives are pronounced in the feminine form: **petit → petite.**

Adjectives: Plural

The plural form of many adjectives is formed as follows:

SINGULAR ADJECTIVE + **-s** = PLURAL ADJECTIVE

Ex.: **Patrick est français.** And: **Patrick et Daniel sont français.**

Note: If the masculine singular adjective ends in **-s**, there is no change in the plural form.

Pronunciation Note: Singular and plural adjectives sound the same.

Summary of Regular Adjective Forms

	MASCULINE	FEMININE
SINGULAR	grand	grande
PLURAL	grands	grandes

The Position of Adjectives

Adjectives usually come after the noun they modify as follows:

ARTICLE + NOUN + ADJECTIVE

Ex.: **une voiture française**

Unité 5, Leçon 13
LE FRANÇAIS PRATIQUE

Pour communiquer

ASKING FOR DIRECTIONS
Excusez-moi, où est …?	Excuse me, where is …?
Est-ce que c'est …	Is it …
loin?	far?
près?	nearby, close?
Tournez …	Turn ….
à gauche.	to the left.
à droite.	to the right.
Continuez tout droit.	Continue straight ahead.
Pardon, où sont …?	Excuse me, where are …?
Elles sont …	They are …
en haut.	upstairs.
en bas.	downstairs.

Mots et expressions

LA VILLE
un boulevard	boulevard
un café	café
un centre commercial	mall, shopping center
un cinéma	movie theater
un hôpital	hospital
un hôtel	hotel
un magasin	store
un musée	museum
un parc	park
un quartier	neighborhood
un restaurant	restaurant
un stade	stadium
un supermarché	supermarket
un théâtre	theater
un village	town, village
une adresse	address
une avenue	avenue
une bibliothèque	library
une école	school
une église	church
une piscine	(swimming) pool
une plage	beach
une rue	street
une ville	city, town

LA MAISON
un appartement	apartment
un garage	garage
un immeuble	apartment building
un jardin	garden, yard
un salon	living room
une chambre	bedroom
une cuisine	kitchen
une maison	house
une salle à manger	dining room
une salle de bains	bathroom
les toilettes	bathroom, toilet

Unité 5, Leçon 14
VOCABULAIRE

Mots et expressions

QUELQUES ENDROITS ET QUELQUES ÉVÉNEMENTS
OÙ ALLER
un concert	concert
un endroit	place
un événement	event
un film	movie
un pique-nique	picnic
un rendez-vous	date, appointment
une boum	party (casual)
une fête	party
une soirée	party (evening)

VERBES EN -ER
arriver	to arrive, to come
rentrer	to go back, come back
rester	to stay

VERBES IRRÉGULIERS
aller	to go
faire une promenade …	to go for ….
à pied	a walk
à vélo	a bike ride
en voiture	a drive
venir	to come
revenir	to come back

MOYENS DE TRANSPORT — **MEANS OF TRANSPORTATION**
à pied	on foot
à vélo	by bicycle
en bus	by bus
en métro	by subway
en taxi	by taxi
en train	by train
en voiture	by car

Unité 5, Leçon 14
LANGUE ET COMMUNICATION

The Verb *aller*

Aller (to go) is the only irregular verb that ends in **-er**.

je vais	nous allons
tu vas	vous allez
il/elle va	ils/elles vont

Usage of the Verb *aller*

Use **aller** to:
- ask people how they feel: **Ça va?**
- encourage someone to do something: **Vas-y!**
- tell someone to go away: **Va-t'en!**
- tell friends to start doing something: **Allons-y!**

The Preposition *à*; *à* + *the definite article*

The preposition **à** can mean *in*, *at*, or *to*.

Contractions

The preposition **à** contracts with **le** and **les**.

> à + le café → au café
> à + les magasins → aux magasins

Note: There is no contraction with **la** or **l'**.

Ex.: **Je vais à la bibliothèque.**   Or: **Je vais à l'école.**

The Preposition *chez*

Chez means *to* or *at someone's* (house, home): **chez** + PERSON

Ex.: **Nous allons chez Béatrice.**

Note: To ask to whose house someone is going, use **chez qui?**

Ex.: **Chez qui vas-tu?**

The Construction *aller + infinitive*

The near future is formed as follows:

PRESENT OF **aller** + INFINITIVE

Ex.: **Je vais faire une promenade au parc demain.**

Note: Negative sentences in the near future are formed as follows:

SUBJECT + **ne** + PRESENT OF **aller** + **pas** + INFINITIVE …

Ex.: **Sylvie ne va pas aller au concert avec nous.**

To form a question, add an interrogative expression at the beginning of the sentence.

Ex.: **Qu'est-ce que tu vas faire?** Or: **Quand est-ce que tu vas rentrer?**

Unité 5, Leçon 15
VOCABULAIRE

Pour communiquer

ASKING WHERE PEOPLE ARE GOING
Où vas-tu? — Where are you going?
Je vais à (+ place, event). — I am going to (+ place, event).
Je vais chez (+ person). — I am going to (+ person)'s house.
Je vais chez (+ stress pronoun). — I am going to (+ possessive adjective) house.

ASKING WHERE PEOPLE ARE COMING FROM
D'où est-ce que tu viens? — Where are you coming from?
Je viens de (+ place). — I am coming from (+ place).

TALKING ABOUT FUTURE PLANS
Qu'est-ce que tu vas faire? — What are you going to do?
Je vais … — I am going …

EXPRESSING POSSESSION
C'est mon (ton, son …) livre. — That's my (your, his/her, …) book.

Mots et expressions

LES SPORTS
le baseball — baseball
le basket(ball) — basketball
le foot(ball) — soccer
le ping-pong — ping-pong
le tennis — tennis
le volley(ball) — volleyball

LES JEUX
les échecs — chess
les cartes — cards
les jeux d'ordinateur — computer games
les dames — checkers
les jeux vidéo — video games

VERBES EN -ER
jouer à (+ sport, game) — to play (+ sport, game)
jouer de (+ instrument) — to play (+ instrument)

LES INSTRUMENTS DE MUSIQUE
le clavier — keyboard
la batterie — drums
le piano — piano
la clarinette — clarinet
le saxo(phone) — saxophone
la flûte — flute
le violon — violin
la guitare — guitar

EXPRESSIONS UTILES
Pas du tout! — Not at all!; Definitely not!
Vraiment?! — Really?!
Vas-y! — Go on!
Va-t'en! — Go away!
Où vas-tu? — Where are you going?

Unité 5, Leçon 16
VOCABULAIRE

Mots et expressions

LA FAMILLE
les parents — parents, relatives
les grands-parents — grandparents
le grand-père — grandfather
le père — father
le mari — husband
un enfant — child
le fils — son
le frère — brother
l'oncle — uncle
le cousin — cousin
la famille — family
la grand-mère — grandmother
la mère — mother
la femme — wife
une enfant — child
la fille — daughter
la sœur — sister
la tante — aunt
la cousine — cousin

LES NOMBRES ORDINAUX
premier (première) — first
deuxième — second
troisième — third
quatrième — fourth
cinquième — fifth
sixième — sixth
septième — seventh
huitième — eighth
neuvième — ninth
dixième — tenth
onzième — eleventh
douzième — twelfth

EXPRESSIONS UTILES
Tu es sûr(e)? — Are you sure?

Unité 5, Leçon 16
LANGUE ET COMMUNICATION

Possessives with de

Express possession or relationship as follows:

le/la/l'/les + NOUN + **de** + OWNER

Ex.: **C'est la moto de Frédéric.** Or: **C'est le copain de Daniel.**

Note: De becomes **d'** in front of a vowel sound, and it contracts to **du** with **le** and **des** with **les**.

Ex.: **Où est le chat du voisin?**

Possessive Adjectives: mon, ton, son

Possessive adjectives agree with the nouns they modify.

POSSESSOR	SINGULAR OBJECT MASCULINE	SINGULAR OBJECT FEMININE	PLURAL OBJECT
je	mon	ma	mes
tu	ton	ta	tes
il	son	sa	ses
elle	son	sa	ses

Note: The feminine singular forms **ma, ta, sa** become **mon, ton, son** before a vowel sound:

mon amie   ton amie   son amie.

Possessive Adjectives: notre, votre, leur

POSSESSOR	SINGULAR OBJECT	PLURAL OBJECT
nous	notre	nos
vous	votre	vos
ils/elles	leur	leurs

Ordinal Numbers

Ordinal numbers are formed as follows:

NUMBER (minus final **-e**, if any) + **-ième** = ORDINAL NUMBER

(6) six → six + -ième = sixième
(11) onze → onz- + -ième = onzième

Note: There are a few exceptions: **premier (première); cinquième; neuvième.** Ordinal numbers are adjectives and come before the noun.

Ex.: —**Qui est Roger?**
—**C'est le deuxième étudiant, là.**

Unité 5, Leçon 15
LANGUE ET COMMUNICATION

The Verb venir

The verb **venir** (to come) is irregular.

je viens	nous venons
tu viens	vous venez
il/elle vient	ils/elles viennent

Note: Revenir (to come back) is conjugated like **venir**. To ask "from where" use **d'où**.

Ex.: **D'où viens-tu?**

The Preposition de + the definite article

De can mean: *from, of,* or *about*.

Contractions

The preposition **de** contracts with **le** and **les**.

CONTRACTION		
de + le café	→	du café
de + les magasins	→	des magasins

Note: There is no contraction with **la** or **l': Je viens de la bibliothèque.**

Stress Pronouns

Stress pronouns can replace a person or a subject pronoun.

Forms

SUBJECT PRONOUN	STRESS PRONOUN	SUBJECT PRONOUN	STRESS PRONOUN
(je)	moi	(nous)	nous
(tu)	toi	(vous)	vous
(il)	lui	(ils)	eux
(elle)	elle	(elles)	elles

Usage of the Stress Pronouns

Stress pronouns are used:

- to give more emphasis to a subject pronoun: **Moi, je parle français.**
- after **c'est** and **ce n'est pas: C'est moi!**
- in short sentences where there is no verb: —**Qui est là?** —**Moi!**
- before and after **et** and **ou: Il va partir avec Michel ou toi?**
- after prepositions such as **de, avec, pour, chez: Nous allons chez toi?**

The Construction: Noun + de + Noun

When one noun is used to modify another noun, use:

MAIN NOUN + **de** + MODIFYING NOUN

Ex.: **une classe de français**   a French class

In French, when one noun modifies another, the main noun comes first. In English, the main noun comes second.

Note: There is no article after **de**. **De** becomes **d'** before a vowel sound.

Ex.: **un jeu d'ordinateur**   a computer game

Unité 6, Leçon 17
LE FRANÇAIS PRATIQUE

Pour communiquer

SHOPPING FOR CLOTHES
Pardon ... — Excuse me ...
Vous désirez, (monsieur)? — May I help you, (Sir)?
Je cherche ... — I'm looking for ...
Quel est le prix de ...? — What is the price of ...?
Combien coûte ... — How much does ... cost?

EXPRESSING OPINIONS AND MAKING COMPARISONS
Qu'est-ce que tu penses de ...? — What do you think of ...?
Comment tu trouves ...? — What do you think of ...?

La robe rose est ... la robe noire. — The pink dress is ... the black dress.
plus belle que — more beautiful than
moins belle que — less beautiful than
aussi belle que — as beautiful as

Mots et expressions

LES MAGASINS
un magasin — store
un grand magasin — department store
une boutique — shop

LES VÊTEMENTS
des baskets — (hightop) sneakers
un blouson — jacket
un chapeau — hat
un chemisier — blouse
des collants — tights
un imper(méable) — raincoat
un jean — jeans
un jogging — jogging suit
un maillot de bain — bathing suit
un manteau — overcoat
un pantalon — pants
un polo — polo shirt
un pull — sweater
un short — shorts
un survêtement — track suit
un sweat — sweatshirt
un tee-shirt — t-shirt
des tennis — sneakers
des bottes — boots
une casquette — baseball cap
une ceinture — belt
des chaussettes — socks
des chaussures — shoes
une chemise — shirt
une cravate — tie
une jupe — skirt
des lunettes — glasses
des lunettes de soleil — sunglasses
une robe — dress
des sandales — sandals
une veste — jacket

Unité 6, Leçon 18
VOCABULAIRE

Mots et expressions

VERBES RÉGULIERS EN -ER
chercher — to look for
coûter — to cost
penser (que) — to think (that)
porter — to wear
trouver — to find; to think of

VERBES IRRÉGULIERS
mettre — to put, to put on
avoir besoin de (+ noun) — to need (+ noun)
avoir besoin de (+ infinitive) — to need to, to have to
avoir envie de (+ noun) — to want (+ noun)
avoir envie de (+ infinitive) — to feel like, to want (+ verb form)

LA DESCRIPTION
à la mode — in style
beau (belle) — beautiful
bon marché — cheap
cher (chère) — expensive
chouette — neat
court(e) — short
démodé(e) — out of style
élégant(e) — elegant
génial(e) — terrific
grand(e) — big
joli(e) — pretty
long(ue) — long
meilleur(e) — better
moche — ugly
nouveau (nouvelle) — new
pauvre — poor
petit(e) — small
riche — rich
vieux (vieille) — old

LES NOMBRES DE 100 À 1000
cent — 100
cent un — 101
cent deux — 102
deux cents — 200
trois cents — 300
quatre cents — 400
cinq cents — 500
six cents — 600
sept cents — 700
huit cents — 800
neuf cents — 900
mille — 1000

EXPRESSIONS UTILES
Eh bien! — Well!
ce, cet, cette, ces — this, that, these, those
quel, quelle, quels, quelles — what (which)
trop (+ adjective) — too (+ adjective)

VERBES AVEC CHANGEMENTS ORTHOGRAPHIQUES
acheter — to buy
amener — to bring (a person)
espérer — to hope
préférer — to prefer

Unité 6, Leçon 18
LANGUE ET COMMUNICATION

The Verbs *acheter* and *préférer*

acheter

j'achète	nous achetons
tu achètes	vous achetez
il/elle achète	ils/elles achètent

préférer

je préfère	nous préférons
tu préfères	vous préférez
il/elle préfère	ils/elles préfèrent

Note: Notice the spelling change between the infinitives and the forms in the darker shade in the table.

The Demonstrative Adjective *ce*

Ce always agrees with the noun it introduces.

	SINGULAR	PLURAL
MASCULINE	ce cet (+ VOWEL SOUND)	ces
FEMININE	cette	ces

Note: To distinguish between a person / object that is close by and one that is further away, **-ci** or **-là** can be used after the noun.

Ex.: **Philippe achète cette chemise-ci.**

The Interrogative Adjective *quel?*

Quel (what?; which?) agrees with the noun it introduces and has the following forms:

	SINGULAR	PLURAL
MASCULINE	quel garçon	quels garçons
FEMININE	quelle fille	quelles filles

The Verb *mettre*

The verb **mettre** (to put, place) is irregular.

je mets	nous mettons
tu mets	vous mettez
il/elle met	ils/elles mettent

Note: The verb **mettre** has several English equivalents: *to put, place; to put on, wear;* and *to turn on* (an electrical appliance).

Unité 6, Leçon 19
VOCABULAIRE

Mots et expressions

VERBES RÉGULIERS EN -IR
choisir — to choose
finir — to finish
grossir — to gain weight
maigrir — to lose weight
réussir — to succeed
réussir à un examen — to pass an exam

EXPRESSIONS UTILES
à mon avis — in my opinion

Unité 6, Leçon 20
VOCABULAIRE

Mots et expressions

L'ARGENT
l'argent — money
un billet — bill, paper money
une pièce — coin

VERBES RÉGULIERS EN -ER
dépenser — to spend
gagner — to earn; to win

VERBES AVEC CHANGEMENTS ORTHOGRAPHIQUES
payer — to pay, to pay for

VERBES RÉGULIERS EN -RE
attendre — to wait, to wait for
entendre — to hear
perdre — to lose, to waste
rendre visite à — to visit (a person)
répondre à — to answer
vendre — to sell

EXPRESSIONS UTILES
combien (+ verb) — how much (+ verb)
combien de (+ noun) — how much, how many (+ noun)
C'est une bonne idée! — That's a good idea!

Unité 6, Leçon 20
LANGUE ET COMMUNICATION

The Pronoun on

Use the pronoun **on** in general statements as follows:

on + il-FORM OF VERB

Ex.: **On travaille beaucoup.**
- One works a lot.
- They work a lot.
- You work a lot.
- People work a lot.

Note: In conversation, **on** is often used instead of **nous**:

Ex.: **Est-ce qu'on dîne à la maison?**   Are we having dinner at home?

Regular -re Verbs

Many **-re** verbs like **vendre** (to sell) are conjugated as follows:

vendre → vend-

STEM (INFINITIVE minus **-re**) + **-re** PRESENT TENSE ENDINGS = **-re** PRESENT TENSE

-s	-ons	je vends	nous vendons
-s	-ez	tu vends	vous vendez
—	-ent	il/elle/on vend	ils/elles vendent

Pronunciation Note: The "d" of the stem is silent in the singular forms, but it is pronounced in the plural forms.

The Imperative

For most verbs, the command forms are the **tu-**, **nous-**, and **vous-**forms of the present tense.

		parler	finir	vendre	aller
INFINITIVE					
IMPERATIVE	(tu)	parle	finis	vends	va
	(vous)	parlez	finissez	vendez	allez
	(nous)	parlons	finissons	vendons	allons

Note: For all **-er** verbs, including **aller**, the **-s** of the **tu-**form is dropped.

Ex.: **Va au supermarché.**

The negative imperative is formed as follows: **ne** + VERB + **pas** ...

Ex.: **N'achète pas ce blouson.**

Usage of the Imperative

Use the imperative to give:
- suggestions: **Écoute ce CD.**
- orders: **Finis tes devoirs.**
- either affirmative or negative advice: **N'achète pas cette casquette.**

Unité 6, Leçon 19
LANGUE ET COMMUNICATION

Regular -ir Verbs

Most **-ir** verbs like **finir** (to finish) are conjugated as follows:

finir → fin-

STEM (INFINITIVE minus **-ir**) + **-ir** PRESENT TENSE ENDINGS = **-ir** PRESENT TENSE

-is	-issons	je finis	nous finissons
-is	-issez	tu finis	vous finissez
-it	-issent	il/elle finit	ils/elles finissent

The Adjectives beau, nouveau and vieux

Beau, nouveau, and **vieux** are irregular.

SINGULAR	MASCULINE	beau / bel	nouveau / nouvel	vieux / vieil
	FEMININE	belle	nouvelle	vieille
PLURAL	MASCULINE	beaux	nouveaux	vieux
	FEMININE	belles	nouvelles	vieilles

Note: The alternative masculine forms are used in front of nouns that begin with a vowel sound. All forms of these adjectives usually come before the noun.

Ex.: **C'est un bel homme.**

Comparison with Adjectives

+ plus
− moins + ADJECTIVE (+ que ...) = plus cher (que)
= aussi   moins cher (que)
                                     aussi cher (que)

Ex.: **Cet imper est plus cher que ce manteau.**

Bon (good)

Bon is irregular and it is used as follows:

plus + **bon/bonne (que)** → **meilleur(e) (que)**

Ex.: **Ta pizza est bonne, mais mon sandwich est meilleur.**

Note: All adjectives agree with the noun (or pronoun) they describe. When comparing people, stress pronouns are used after **que**.

Ex.: **Paul est plus petit que moi.**

Unité 7, Leçon 21
LE FRANÇAIS PRATIQUE

Pour communiquer

TALKING ABOUT PAST ACTIVITIES
- Qu'est-ce que tu as fait hier? — What did you do yesterday?
- J'ai vu un film. — I saw a film.
- Je suis allé au cinéma. — I went to the movies.
- Je n'ai pas travaillé. — I didn't work.
- Je ne suis pas allé à l'école. — I didn't go to school.

EXPLAINING WHY
- Pourquoi est-ce que tu es allé en ville? — Why did you go downtown?
- Je suis allé en ville pour louer un DVD. — I went downtown to rent a DVD.

TALKING ABOUT ONE'S ACTIVITIES
- Est-ce que tu fais … du roller? de la voile? de l'escalade? — Do you do … in-line skating? sailing? rock climbing?
- Marc ne fait pas de sport. — Marc doesn't do sports.

Mots et expressions

ACTIVITÉS SPORTIVES
- le jogging — jogging
- le roller — in-line skating
- le skate — skateboarding
- le ski — skiing
- le ski nautique — water-skiing
- le snowboard — snowboarding
- le sport — sport(s)
- le VTT — mountain biking
- l'escalade — rock climbing
- la natation — swimming
- la planche à voile — windsurfing
- la voile — sailing

ÉQUIPEMENT SPORTIF
- des rollers — in-line skates
- un skate — skateboard
- un snowboard — snowboard
- un VTT — mountain bike

VACATION TRAVEL
- un autocar, un car — touring bus
- un avion — plane
- un bateau — boat, ship
- un train — train

VACATION DESTINATIONS
- la campagne — countryside
- la mer — ocean, shore
- la montagne — mountains

Unité 7, Leçon 22
VOCABULAIRE

Mots et expressions

LES CONTRAIRES
- souvent — often
- ne … jamais — never
- quelque chose — something, anything
- ne … rien — nothing, not anything
- quelqu'un — somebody
- ne … personne — no one, not anyone, nobody

VERBES EN -ER
- aider — to help
- assister à — to go to, to attend
- laver — to wash
- louer — to rent
- nettoyer — to clean
- passer — to spend
- préparer — to prepare
- ranger — to clean, to pick up
- rencontrer — to meet
- réparer — to fix

VERBES IRRÉGULIERS
- avoir chaud/froid — to be (feel) hot/cold
- avoir faim/soif — to be hungry/thirsty
- avoir raison/tort — to be right/wrong
- avoir de la chance — to be lucky
- faire des achats — to go shopping
- faire les devoirs — to do homework
- faire un pique-nique — to have a picnic
- voir — to see

LE PASSÉ COMPOSÉ AVEC AVOIR
- parler → j'ai parlé — I spoke
- finir → j'ai fini — I finished
- vendre → j'ai vendu — I sold
- avoir → j'ai eu — I had
- être → j'ai été — I was, I have been
- faire → j'ai fait — I did
- mettre → j'ai mis — I put
- voir → j'ai vu — I saw

LE CALENDRIER
- Noël — Christmas
- un jour — day
- un mois — month
- l'après-midi — afternoon
- le matin — morning
- le soir — evening
- le week-end — weekend
- Pâques — Easter
- une semaine — week
- les vacances — vacation
- les grandes vacances — summer vacation

EXPRESSIONS POUR INDIQUER QUAND
- avant — before
- pendant — during

EXPRESSIONS UTILES
- pour — in order to
- seul(e) — alone

EXPRESSIONS POUR INDIQUER QUAND
- d'abord — first
- après — after, afterwards
- ensuite — then, after that
- enfin — at last
- finalement — finally

Unité 7, Leçon 22
LANGUE ET COMMUNICATION

The passé composé of -er Verbs

Forms

- The past participle of **visiter** and all regular **-er** verbs is formed as follows:

INFINITIVE (MINUS -er)	+	-é	=	PAST PARTICIPLE
visiter → visit-		-é		visité

- The **passé composé** of **visiter** and all regular **-er** verbs is formed as follows:

PRESENT OF **avoir**	+	PAST PARTICIPLE	=	PASSÉ COMPOSÉ
j'ai nous avons		visité		j'ai visité nous avons visité
tu as vous avez				tu as visité vous avez visité
il/elle/on a ils/elles ont				il/elle/on a visité ils/elles ont visité

Usage of the passé composé

The **passé composé** is used to describe past actions and events, and it has several meanings in English.

Ex.: **J'ai visité Montréal.**
{ I visited Montreal.
  I have visited Montreal.
  I did visit Montreal.

The passé composé: Negative Form

The negative form of the **passé composé** is made as follows:

NEGATIVE FORM OF **avoir** + PAST PARTICIPLE = NEGATIVE FORM OF **PASSÉ COMPOSÉ**

Ex.: The negative **passé composé** forms of **travailler**:

je n'ai pas travaillé   nous n'avons pas travaillé
tu n'as pas travaillé   vous n'avez pas travaillé
il/elle/on n'a pas travaillé   ils/elles n'ont pas travaillé

Questions in the passé composé

Questions in the **passé composé** are formed as follows:

INTERROGATIVE FORM OF **avoir** + PAST PARTICIPLE = QUESTION IN THE **PASSÉ COMPOSÉ**

Ex.: **Est-ce que tu as voyagé?**

Note: When the subject is a pronoun, questions in the **passé composé** can also be formed by inversion.

Ex.: **As-tu assisté au match de foot?**

Unité 7, Leçon 24
VOCABULAIRE

Mots et expressions

LE PASSÉ COMPOSÉ AVEC ÊTRE

aller → je suis allé(e)	I went
arriver → je suis arrivé(e)	I arrived
rentrer → je suis rentré(e)	I came back
rester → je suis resté(e)	I stayed
venir → je suis venu(e)	I came

Unité 7, Leçon 23
VOCABULAIRE

Mots et expressions

EXPRESSIONS POUR INDIQUER QUAND

aujourd'hui	today
hier	yesterday
demain	tomorrow
prochain(e)	next
dernier (dernière)	last

Unité 7, Leçon 24
LANGUE ET COMMUNICATION

The passé composé with être

Forms

- The past participle of the verbs of motion are made like all other verbs depending on whether they are **-er**, **-ir**, or **-re** verbs. There is one difference—the past participle of verbs of motion agree with the subject in gender and number.

Ex.: **aller:**

	MASCULINE	FEMININE
SINGULAR	allé	allée
PLURAL	allés	allées

- The **passé composé** of verbs of motion is formed with the present tense of **être** and the appropriate past participle as follows:

PRESENT OF **être** + MASCULINE/FEMININE PAST PARTICIPLE = PASSÉ COMPOSÉ WITH **être**

PASSÉ COMPOSÉ MASCULINE SUBJECTS	
je suis allé	nous sommes allés
tu es allé	vous êtes allé(s)
il est allé	ils sont allés

PASSÉ COMPOSÉ FEMININE SUBJECTS	
je suis allée	nous sommes allées
tu es allée	vous êtes allée(s)
elle est allée	elles sont allées

Note: When **vous** refers to a single person, the past participle is singular too.

Ex.: **M. Dupont, vous êtes allé au cinéma?**

The Negative Construction ne ... jamais

To say that one never does something, use the construction **ne ... jamais**:

SUBJECT + **ne** + VERB + **jamais** ...

| Nous | ne | regardons | jamais | la télé. |

Note: Ne becomes **n'** before a vowel sound: **Nous n'allons jamais à l'opéra. Ne ... jamais** can be used in the **passé composé**.

Ex.: **Nous n'avons jamais visité Québec.**

The Expressions quelqu'un, quelque chose and Their Opposites

To refer to unspecified people or things, use the following expressions:

Affirmative Statements	Negative Statements
quelqu'un	ne ... personne
quelque chose	ne ... rien

Note: Like all negative expressions, **personne** and **rien** require **ne** before the verb, but in short answers, **personne** and **rien** may be used alone.

Ex.: —**Qui est allé avec toi?**
   —**Personne.**

Unité 7, Leçon 23
LANGUE ET COMMUNICATION

The Verb voir

The verb **voir** (to see) is irregular.

je vois	nous voyons
tu vois	vous voyez
il/elle/on voit	ils/elles voient

The passé composé of Regular -ir and -re Verbs

Forms

- The past participle of all regular **-ir** and **-re** verbs is formed as follows:

INFINITIVE (MINUS **-ir/-re**) + ENDING = PAST PARTICIPLE

| choisir → chois- | -i | choisi |
| vendre → vend- | -u | vendu |

- The **passé composé** of all regular **-ir** and **-re** verbs is formed as follows:

PRESENT OF **avoir** + PAST PARTICIPLE = PASSÉ COMPOSÉ

PASSÉ COMPOSÉ OF choisir	
j'ai choisi	nous avons choisi
tu as choisi	vous avez choisi
il/elle/on a choisi	ils/elles ont choisi

PASSÉ COMPOSÉ OF vendre	
j'ai vendu	nous avons vendu
tu as vendu	vous avez vendu
il/elle/on a vendu	ils/elles ont vendu

The passé composé of the Verbs être, avoir, faire, mettre, and voir

The verbs **être**, **avoir**, **faire**, **mettre**, and **voir** have irregular past participles.

être → été	mettre → mis
avoir → eu	voir → vu
faire → fait	

Note: In the **passé composé**, the verb **être** has two different meanings:

Ex.: **Mme Lebrun a été malade.** Mme Lebrun has been sick.
   Elle a été à l'hôpital. She was in the hospital.

Unité 8, Leçon 25
LE FRANÇAIS PRATIQUE

Pour communiquer

WHERE YOU WILL EAT
Je vais déjeuner … — I will have lunch …
à la maison. — at home.
à la cantine (de l'école). — at the (school) cafeteria.
au restaurant. — at the restaurant.

PLANNING A MEAL
aller au marché — to go to the market
faire les courses — to do the food shopping
acheter la nourriture — to buy the food
choisir les boissons — to choose the beverages
préparer le repas — to fix the meal
faire la cuisine — to do the cooking
mettre le couvert — to set the table

FOODS YOU LIKE/DISLIKE
J'aime (le rosbif). — I like (roast beef).
Je préfère (la glace). — I prefer (ice cream).
Je déteste (les frites). — I detest (French fries).

SHOPPING FOR FOOD
Je voudrais … — I would like …
du beurre. — (some) butter.
de la sole. — (some) sole.
des oeufs. — (some) eggs.
une livre de beurre. — a pound of butter.
un kilo de sole. — a kilo of sole.
une douzaine d'oeufs. — a dozen eggs.

Mots et expressions

LES REPAS — MEALS
le petit déjeuner — breakfast
le déjeuner — lunch
le dîner — dinner
prendre le petit déjeuner — to have breakfast
déjeuner — to have lunch
dîner — to have dinner

LE COUVERT — PLACE SETTINGS
un couteau — knife
un verre — glass
une tasse — cup
une assiette — plate
une cuillère — spoon
une fourchette — fork
une serviette — napkin

LA NOURRITURE
un dessert — dessert
le fromage — cheese
le gâteau — cake
un hors-d'oeuvre — appetizer
le jambon — ham
le pain — bread
un plat — dish
le poisson — fish
le poulet — chicken
le riz — rice
le rosbif — roast beef
le saucisson — salami
les spaghetti — spaghetti

le thon — tuna
le veau — veal
le yaourt — yogurt
les céréales — cereal
les frites — French fries
la glace — ice cream
la nourriture — food
la salade — salad
la sole — sole
la soupe — soup
la tarte — pie
la viande — meat

LES FRUITS ET LES LÉGUMES
un fruit — fruit
des haricots verts — green beans
un légume — vegetable
un pamplemousse — grapefruit
des petits pois — peas
une banane — banana
une carotte — carrot
une cerise — cherry
une fraise — strawberry
une orange — orange
une poire — pear
une pomme — apple
une pomme de terre — potato
une salade — (head of) lettuce
une tomate — tomato

LES INGRÉDIENTS
le beurre — butter
le ketchup — ketchup
un oeuf — egg
le sel — salt
le sucre — sugar
la confiture — jam
la mayonnaise — mayonnaise

LES BOISSONS
le jus d'orange — orange juice
le jus de pomme — apple juice
le lait — milk
le thé glacé — iced tea
une boisson — beverage
l'eau (minérale) — (mineral) water

INTERACTING WITH OTHERS
Est-ce que Paul connaît … ? — Does Paul know …
me, te, nous, vous — me?; you?; us?; you?
le, la, les — him?; her?; them?
Est-ce que Sophie … parle? — Is Sophie talking …
me, te — to me?; to you?
nous, vous — to us?; to you?
lui, leur — to him/her?; to them?

VERBES IRRÉGULIERS
boire — to drink
connaître — to know
décrire — to describe
devoir — must, to have to
dire — to say, to tell
écrire (à) — to write (to)
pouvoir — can, may, to be able
vouloir — to want

Unité 8, Leçon 26
VOCABULAIRE

Mots et expressions

VERBES IRRÉGULIERS
apprendre — to learn
apprendre à (+ infinitive) — to learn how (+ infinitive)
comprendre — to understand
prendre — to take, to have (a meal)

Unité 8, Leçon 26
LANGUE ET COMMUNICATION

The Verb vouloir

The verb **vouloir** (to want) is irregular.

je veux	nous voulons
tu veux	vous voulez
il/elle/on veut	ils/elles veulent

Note: The past participle is **voulu**, and the **passé composé** is formed with **avoir**. Use **je voudrais** (I would like) to make a request: **Je voudrais un café.**

The Verb prendre

The plural forms of the verb **prendre** (to take) are irregular.

je prends	nous prenons
tu prends	vous prenez
il/elle/on prend	ils/elles prennent

Note: The past participle is **pris**, and the **passé composé** is formed with **avoir**.
Ex.: **Au café j'ai pris une pizza.**

The Partitive Article: du, de la

Forms

Use the partitive article to refer to a certain quantity or a certain amount of something. It means *some* or *any* in English, and it has these forms:

	SINGULAR	PLURAL
MASCULINE	du (de l')	des
FEMININE	de la (de l')	

Note: Du and de la become **de l'** before a vowel sound: **Tu veux de l'eau?**

Usage of the Partitive Article

While the words *some* and *any* are often omitted in English, the articles **du, de la, de l', and des** must be used in French: **Nous prenons de la salade.**

Note: Partitive articles are often, but not always, used after: **voici, voilà, il y a, acheter, avoir, manger, prendre, vouloir.**

The Partitive Article in Negative Phrases

The negative form of the partitive article is formed as follows:

du, de la, de l', des → ne ... pas de (d')

Ex.: **Éric ne prend pas de café.**

The Verb boire

The verb **boire** (to drink) is irregular.

je bois	nous buvons
tu bois	vous buvez
il/elle/on boit	ils/elles boivent

Note: The past participle is **bu**, and the **passé composé** is formed with **avoir**.
Ex.: **Au café j'ai bu une limonade.**

Unité 8, Leçon 27
VOCABULAIRE

Mots et expressions

VERBES RÉGULIERS
- aider — to help
- amener — to bring (people)
- apporter — to bring (things)
- donner (à) — to give (to)
- montrer (à) — to show (to)
- prêter (à) — to lend, to loan (to)

Unité 8, Leçon 28
VOCABULAIRE

Mots et expressions

VERBES RÉGULIERS
- demander (à) — to ask
- répondre (à) — to answer

Unité 8, Leçon 28
LANGUE ET COMMUNICATION

The Verb *connaître*

The verb **connaître** (to know) is irregular.

je connais	nous connaissons
tu connais	vous connaissez
il/elle/on connaît	ils/elles connaissent

The past participle of **connaître** is **connu**, and in the **passé composé**, it means to meet for the first time.

Note: Use **connaître** to say that you know or are acquainted with people or places, but to say that you know information, use **je sais, tu sais**.

Ex.: **Je connais Éric.**   But: **Je sais où il habite.**

The Direct Object Pronouns: le, la, les

Direct Object Pronoun Forms and Usage

Direct objects (people, places, or things) can be replaced by direct object pronouns.

	MASCULINE	FEMININE
SINGULAR	le / l' (+ vowel sound)	la / l' (+ vowel sound)
PLURAL	les	les

Note: Direct object pronouns generally come before the verb in affirmative statements and after **ne** in negative statements.

Ex.: —**Éric? Je <u>le</u> connais bien.**
—**Non, tu ne <u>le</u> connais pas.**

Direct Object Pronoun Placement in the Imperative

In affirmative commands, direct object pronouns come after the verb and are joined to it by a hyphen.

Ex.: —**On invite Éric?**
—**Oui, invite-<u>le</u>.**

In negative commands, they come before the verb: **Non, ne <u>l'</u>invite pas!**

Continued on reverse

Unité 8, Leçon 27
LANGUE ET COMMUNICATION

The Object Pronouns me, te, nous, vous

Forms

| je → me (m' + vowel sound) | nous → nous |
| tu → te (t' + vowel sound) | vous → vous |

Position

Object pronouns usually come before the verb as follows:

AFFIRMATIVE

| SUBJECT + OBJECT PRONOUN + VERB ... |
| Paul | nous | invite. |

NEGATIVE

| SUBJECT + ne + OBJECT PRONOUN + VERB + pas ... |
| Éric | ne | nous | invite | pas. |

Object Pronouns in the Imperative

In negative commands, the object pronouns come before the verb.

Ex.: **Ne me téléphone pas demain!**

In affirmative commands, the object pronouns come after the verb, and **me** and **te** become **moi** and **toi**.

Ex.: **Téléphone-moi ce soir!**   **Assieds-toi!**

The Verbs pouvoir and devoir

Forms

The verbs **pouvoir** (can, may, be able) and **devoir** (must, have to) are irregular.

pouvoir

je peux	nous pouvons
tu peux	vous pouvez
il/elle/on peut	ils/elles peuvent

devoir

je dois	nous devons
tu dois	vous devez
il/elle/on doit	ils/elles doivent

Note: The past participle of **pouvoir** is **pu** and **devoir**'s is **dû**. Both of them form the **passé composé** with **avoir**.

Ex.: **Hier, j'ai pu voir la télé, mais avant de voir la télé, j'ai dû faire mes devoirs.**

Usage of pouvoir and devoir

- **Pouvoir** has several English equivalents: *can, may,* and *to be able.*
- **Devoir** is used to express an obligation, and it is usually followed by an infinitive. It cannot stand alone.

Ex.: —**Est-ce que tu dois étudier ce soir?**
—**Oui, je dois étudier.**

Unité 8, Leçon 28 (Continued)
LANGUE ET COMMUNICATION

The Indirect Object Pronouns lui, leur

Forms

Indirect object pronouns replace **à** + NOUN REPRESENTING PEOPLE.

	MASCULINE/FEMININE
SINGULAR	lui
PLURAL	leur

Ex.: —**Tu prêtes ton vélo à tes cousines?**
—**Non, je ne leur prête pas mon vélo.**

Position of lui and leur

- They come before the verb, except in affirmative commands.
  Ex.: **Je lui parle souvent.** But: **Parle-lui!**
- In negative sentences, they come between **ne** and the verb.
  Ex.: **Je ne lui téléphone pas.**

The Verbs dire and écrire

The verbs **dire** (to say, tell) and **écrire** (to write) are irregular.

dire

je dis	nous disons
tu dis	vous dites
il/elle/on dit	ils/elles disent

écrire

j'écris	nous écrivons
tu écris	vous écrivez
il/elle/on écrit	ils/elles écrivent

Note: The past participle of **dire** and **écrire**'s is **dit** and **écrit**. Both verbs form the **passé composé** with **avoir**. **Décrire** is conjugated like **écrire**. To report what someone says or writes, use **que** or **qu'** (that) after **dire** and **écrire**.

Ex.: **Florence dit que Frédéric est sympathique.**